KB186889

법은
어떻게
부자의
무기가
되는가

지은이 천준범

글쓰기를 좋아하는 변호사다. 쓰고 싶은 주제가 떠오르면 메모장에 제목을 써 뒀다가 몇 년 후에 이어 쓰곤 한다. 학부에서 경제학을 전공했지만, 결국 법으로 밥을 먹기로 결정했다. 변호사를 하면서 회사의 인수합병이나 주주들 사이의 경영권 분쟁 같은 정통 기업법에서부터 '관'을 상대해야 하는 공정거래나 행정소송까지 다양한 경험을 했고 지금도 활발히 활동하고 있다. 기업과 법의 관계에서 발생하는 모든 문제에 관심이 지대하고 많은 사람이 잘 이해할 수 있도록 전달하는 일에 매력을 느낀다. 미국 유학 후 2016년부터 2년간 유니콘으로 성장하는 스타트업에서 근무했다. 그 안에서 법무, 인사, 총무를 담당하면서 새로운 문화와 젊은 기업의 가능성에 눈을 떴다. 2018년에는 온라인 플랫폼인 퍼블리에 〈독점기업이 돈 버는 방법〉을 게재하여 좋은 반응을 얻었고, 이를 바탕으로 2019년에는 《초기업의 시대》를 펴냈다.

법은 어떻게 부자의 무기가 되는가

2020년 9월 21일 초판 1쇄 발행
2024년 11월 26일 초판 7쇄 발행

지은이 천준범
펴낸곳 부키(주)
펴낸이 박윤우
등록일 2012년 9월 27일 | 등록번호 제312-2012-000045호
주소 서울시 마포구 양화로 125 경남관광빌딩 7층
전화 02)325-0846 | 팩스 02)325-0841
홈페이지 www.bookie.co.kr | 이메일 webmaster@bookie.co.kr
제작대행 올인피앤비 bobys1@nate.com
ISBN 978-89-6051-805-6 03320

이 도서의 국립중앙도서관 출판예정도서목록(CIP)은 서지정보유통지원시스템 홈페이지 (http://seoji.nl.go.kr)와 국가자료공동목록시스템(http://www.nl.go.kr/kolisnet)에서 이용하실 수 있습니다. (CIP제어번호: CIP2020034467)

법은
어떻게
부자의
무기가
되는가

알면 벌고
모르면 당하는
'재벌법'의 10가지 비밀

천준범 지음

차례

들어가는 글

주식 투자를 하고 있는가? 혹은 국민연금에 가입되어 있는가? 그렇다면 '재벌법'은 필수 교양이다. 재벌들이 법과 주식을 어떻게 이용해 부를 증식시켜 왔는지 그 비법을 알 필요가 있다. 안다고 해서 모두가 반드시 부를 얻는 건 아니지만, 모르면 여러분의 재산을 절대로 지킬 수 없다. 연금 가입자와 주식, 그리고 재벌이 무슨 관계냐고? 2020년을 기준으로 국민연금이 주식에 투자한 금액만 130조 원이 넘는다. 주식 계좌가 없더라도 연금에 가입했다면, 여러분은 이미 주식 시장의 큰손이다.

재벌은 독특한 단어다. 한국에만 있는 말이어서 웹스터 영어사전에도 'chaebol'로 등재되어 있다. 세계적으로 살펴봐도 원조 격인 일본어 '자이바쓰さいばつ'보다 더 유명하다. 재벌은 단순히 돈이 많은 기

업가 집안을 일컫기도 하지만, 많은 재산을 기초로 사회적 영향력을 행사하는 사람들을 의미하기도 한다. 국내에서는 드라마의 단골 주인공이자 언론에 끊임없이 오르내리는 질타의 대상이지만, 국외에서 삼성이나 현대와 같은 이름들은 한국인의 자긍심을 높여 주는 키워드이기도 하다.

이 책은 '그들'의 돈 버는 비법에 관한 이야기다. 조금 바꾸어 말하면, 두 가지 재벌법에 관한 이야기다. 지금까지 쓰인 적이 없는 말이어서 좀 낯설겠지만, 여기에서는 두 가지 뜻으로 사용하려 한다. 재벌(이 돈 버는 방)법과 재벌(을 규제하는) 법, 이 두 가지 재벌법은 동전의 양면처럼 서로 반대이면서 뫼비우스의 띠처럼 맞붙어 있다. 어느 한 면만 알아서는 다른 면을 이해할 수 없으므로 양쪽을 다 알아야 한다. '재벌'이라고 하면 호기심이 생기면서도 자신과는 상관없다는 생각이 들겠지만, 이 책에 등장하는 가상 기업 치킨코리아와 재원, 영미, 우현이라는 인물들을 따라가다 보면 어느새 두 가지 재벌법을 마스터하게 될 것이다.

일단 지난 수십 년 동안 이어져 온 '재벌이 돈 버는 방법'의 비밀을 상세히 공개할 것이다. 그러나 재테크 책처럼 투자나 전략, 또는 마케팅을 통해 돈 버는 방법을 알려 주는 것은 아니다. 또 삼성이 어떻게 해서 휴대폰 사업을 성공시켰는지, 현대자동차가 자동차를 어떻게 만들고 팔았는지 그 비법도 나오지 않는다. 앞으로 펼쳐질 내용은 '재벌 기업'이 아니라 '재벌 가족', 즉 개인으로서의 재벌이 어떻게 돈을 벌었는지 그 방법에 관한 것이다. 수백 배의 수익률을 올릴 수 있는 재벌법을 누구나 배우고 따라 할 수 있도록 최대한 쉽고 상세하게 설명할 것이다. 지난 수십 년간 소수 전문가 사이에서만 은밀히 전수돼 온 이 비법을 이제 많은 사람이 알아야 한다. 합법적으로 돈을 빨리 벌 수 있는 방법이 있는데 이를 여러분만 모르고 있다면 너무 억울하지 않겠는가. 모두가 공평하게 활용할 수 있어야 한다. 이 정보는 재벌 3세든 평범한 직장인이든 이제 막 사업을 시작했든 아직 학생이든 21세기를 사는 한국인이라면 누구나 활용할 수 있다. 이는 재벌법이라는 동전의 앞면에 새겨진 내용이다.

이와 더불어 재벌법의 뒷면도 자세히 알려 줄 것이다. 거기에는 재벌(이 돈 버는 방)법을 막기 위해 지난 수십 년 동안 만들어져 온 재벌(을 규제하는) 법이 새겨져 있다. 이 둘 사이에는 쫓고 쫓기는 역사가 있다. 전자를 규제하기 위해 후자가 만들어지면, 그 후자를 피하기 위해 새로운 전자가 고안되었다. 그러면 다시 이것을 규제하기 위해 또 다른 후자가 만들어지는 일이 반복되었다. 이 과정은 언제나 초미의 정치적 관심사였다. 또 어찌 보면 가장 '민주적'인 과정이기도 했다. 민법, 형법, 상법 등 우리나라 주요 법률은 대부분 외국(사실은 일본)의 법제를 들여와 우리 식으로 고친 것이어서 국민의 생각이 담겨 있지 않았다. 하지만 재벌 규제에 관한 법은 다르다. 우리나라 국회가 우리나라에만 있는 재벌을 규제하기 위해 새로운 방법과 논리를 만들어 냈다. 이는 여전히 현재 진행형이다. 그러나 이렇게 모두가 관심을 갖는 주제인데도 그 내용이나 의미를 정확히 아는 사람은 많지 않다. 이 둘의 싸움을 두고서 지금까지 논쟁은 많았지만 해설은 거의 없었다. 나무에만 집중하느라 전체 숲을 볼 기회가 거의 없었기 때문이다. 재벌법의 앞면을 활용하려는 사람이든 이것을 비판하려는 사람이든 전체 그림을 정확히 파악할 필요가 있다. 여러분은 앞으로 재벌법의 앞면과 뒷면을 모두 살펴봄으로써, 한눈에 숲을 보게 될 것이다. 숲의 끝에는 유레카의 즐거움이 기다리고 있다.

그리고 재벌을 저격하기 위해서 혹은 재벌을 옹호하기 위해서 이 책을 쓴 것이 아니라는 점을 말해 둔다. 필자는 정치인도 아니고 시민운동가도 아니다. 단지 기업 변호사로서 재벌 대기업과 그에 투자한 외국계 기업, 그리고 일반 주주들을 두루 자문하며 재벌이 법을 어떻게 이용하는지 알게 되었을 뿐이다. 그리고 '무엇이 중한지'에 대해 이야기하지 않고 변죽만 울리는 재벌법에 관한 논의가 답답해서 이 책을 쓰기로 마음먹었다.

사람들은 '재벌'이라는 단어에 민감하게 반응하는 경향이 있다. 그렇기 때문에 재벌 이야기만 시작되면 편 가르기와 감정싸움에 지나치게 몰두하는 모습을 종종 본다. 하지만 경제적인 문제는 정치 진영 대결을 걷어 내고 볼 필요가 있다. 누군가가 돈을 벌기 위해 노력하는 것은 자연스러운 일이고, 다른 사람이 그 방법에 동의하는지 반대하는지를 떠나서 그것의 옳고 그름을 판단하는 것은 '법'의 몫이다.

지금까지 등장해 온 수많은 '앞면의 재벌법'은 엄밀하게 보아 합법이었다. 왜 그랬을까? 이는 정경유착이나 부정부패의 문제만은 아니다. 그저 정치적인 싸움일 뿐이라거나 가치관의 충돌이라고 생각하면 핵심을 놓치게 된다.

본문에서 어떤 법이 '앞면 재벌법'의 무기가 되었는지, 그것을 막기 위해 어떤 '뒷면 재벌법'이 등장했는지, 그리고 동전이 계속 뒤집히면서 무슨 이야기가 전개되어 왔는지 그 과정을 자세히 다룰 것이다. 그 끝에서 여러분은 수십 년간 이어진 복잡한 재벌법 논의가 마치 돋보기를 통과해서 작은 점에 모이는 햇빛처럼, 단 하나의 문제로 귀결되는 것을 목격하게 될 것이다.

이 책을 쓴 한 가지 목적이 더 있다. 여기저기 흩어져 있는 재벌법을 모아서 그것을 한 줄기로 묶어 보려 한다. 재벌법은 법조인에게조차 좀 어려운 주제다. 재벌 규제를 위한 법이 독립적으로 존재하지 않고 여러 법전에 흩어져 있기 때문이다. 새로운 재벌 현상이 벌어질 때마다 그에 대응하는 규제법을 덧붙이다 보니 공정거래법, 상법, 자본시장법(과거 증권거래법), 세법 여기저기에 들어가 있다. 그 때문에 법전에 따라 나뉘어 있는 법학 교과서들은 재벌법을 본격적으로 다루지 못했고, 이를 종합적으로 이해하거나 토론하는 것도 어려웠다.

그러나 여러분에게 재벌법은 정말 쉬울 것이다. 상식의 문제이기 때문이다. 상식의 선에서 두 가지 재벌법을 모두 이해하게 되면, 우리나라만의 독특한 문제에 대해 더욱 건전한 토론이 벌어질 것이라 믿는다. 그럼으로써 우리 사회와 경제의 지속 가능성을 높여 줄 재벌법이 만들어지길 기대한다.

　무엇을 하든 항상 마음 깊이 지지해 주는 아내에게 진심을 담아 고마움을 전한다. 그리고 아들, 너희 세대를 위해 무언가 해야 한다는 생각이 없었으면 이 책은 끝까지 쓰지 못했을 것이다. 사랑한다.

2020년 9월

테헤란로 사무실에서

최준법

Level 1.

일단 치킨 가게부터
차려 봅시다

치킨코리아
창업기

01

아주 쉬운 이야기부터 시작해 보자. 치킨을 좋아하는 영미가 친구 재원과 치킨 가게를 하나 창업했다. 이름은 '치킨코리아'다. 회사 설립에 필요한 자본금은 1억 원이었는데, 여윳돈은 재원이 더 많아서 지분율을 재원 70%, 영미 30%로 했다. 그런데 둘은 식당을 해 본 경험이 없기에 대기업의 치킨 사업부에서 근무하고 있는 다른 친구 우현에게 사장 자리를 부탁하기로 했다. 영미와 재원의 대학 동기인 우현은 성실성 하나는 끝내주는 믿음직한 친구다. 드디어 셋이 모여 사업을 시작했다.

우현은 역시나 발군의 실력으로 매출을 쭉쭉 끌어올렸다. 손이 모자라 서빙 직원을 계속해서 늘려야 했고, 배달 오토바이는 줄을 서기 시작했다. 영미와 재원의 얼굴에는 웃음꽃이 피어올랐다. 첫해 결산을 해 보니 벌써부터 상당한 이익이 남아 둘에게 두둑한 배당금이 지급되었다. 우현에게도 파격적인 보너스를 주고, 강남의 제일 잘나가는 클럽에서 시끌벅적한 셋만의 송년회를 했다. 그리고 영미는 받은 배당금으로 2주 동안 발리에서 꿀 같은 휴가를 보내고 돌아왔다. 이 이상의 행복을 또 맞을 수 있을까. 기대에 부푼 치킨코리아의 주주 영미에게 2년 차 사업 계획에 대해 보고받는 날이 다가왔다.

사장 우현은 치킨코리아가 작년에 비해 3배 많은 매출과 2배 많은 이익을 낼 수 있을 거라고 설명했다. 그것도 가장 낮은 기대치라며, 곧 지점도 내고 가맹점 모집도 할 거라는 계획을 발표했다. 규모를 늘리기 위해 생닭과 식용유 공급 업체를 바꾸겠다는 말도 덧붙였다. 현재 거래하는 곳도 나쁘지 않지만, 똑같은 비용에 납품받기로 했고 무엇보다 믿을 만한 업체면서 우리 회사에 가장 좋은 생닭과 식용유를 특별히 대 주기로 했다고 말했다. 반대할 이유가 없었다. 무엇보다 치킨 사업에 대해서는 우현이 가장 잘 알았고, 또 영미와 재원이 학창 시절부터 신뢰하는 친구였기 때문이다. 사업은 계속 번창했다. 브랜드가 알려지면서 벤처캐피털에서 투자도 받았다. 그 돈으로 유명 연예인을 광고 모델로 기용하면서 매출은 감당할 수 없을 정도로 늘었다.

다시 한 해가 지나 2년 차 결산의 날이 다가왔다. 우현은 목표로 한 금액을 훨씬 초과한 실적을 보고했다. 셋의 자신감은 하늘을 찌를 것 같았다. 치킨코리아 사업은 대박이 날 것이고, 모두가 꽃길만 걷게 될 것이 분명했다. 그런데 와자지껄한 결산 축하 파티가 끝날 즈음, 사장 우현이 약간 찬물을 끼얹는 말을 했다. 사업의 규모가 커지긴 했지만 배당금을 작년과 똑같이 하면 어떻겠냐고 물은 것이다. 매출이 오른 만큼 광고비 지출도 늘어나면서 비용이 크게 증가한 데다 앞으로 사업을 더욱 크게 확장하기 위해서는 여유 자금이 많이 필요하기 때문이라고 설명했다.

틀린 말은 아니었으나 영미는 기분이 살짝 상했다. 믿고 있는 우현이 결정한 것이니 일단 동의는 했지만, 영미는 그 일 때문에 처음으로 회사의 결산 서류를 들여다보게 되었다. 비용이 정말 그렇게 많이 늘었는지 궁금했다. 지금까지는 광고에 관해서도 누가 모델이며 모델료로 대략 얼마를 지급했는지 정도만 알았지, 어느 에이전시와 계약을 하고 촬영을 진행했는지 물어본 적이 없었다. 사실 매일 몇 명의 손님이 어떤 치킨을 구매하고 비용이 얼마나 나가는지조차 몰랐다. 직원들의 월급 액수도 정확히 알지 못했다. 그래도 회사의 주주인데 한 번은 봐야 한다는 생각이 영미의 머릿속을 스쳐 지나갔다.

결산 파티를 마치고, 영미는 아무도 없는 조용한 사무실에 들어와 불을 켜고 책상에 앉았다. 차분하게 회사가 체결한 계약서를 하나하나 살펴보다가 영미는 왠지 어디에서 본 것 같은 이름을 하나 발견했다. 회사에 식용유를 공급해 주는 업체와 체결한 계약서 마지막 장을 넘기다가 본 이름, '좋은기름㈜ 대표이사 김지혜'. 흔한 이름이긴 한데, 재원의 부인 성이 뭐였더라? 김 씨였나 이 씨였나? 어쨌든 이름은 지혜가 확실했다. 갑자기 머릿속이 복잡해졌다. 좋은 건가? 나쁜 건가? 그런데 왜 이 얘기를 나한테 안 했지? 혹시 내가 들었는데 잊어버렸던 건가? 1년 전 우현이 생닭과 식용유를 대 주는 업체를 변경하겠다고 했던 게 어렴풋이 떠올랐다. 그때 바꾼 곳이 재원의 부인이 대표로 있는 회사였나? 밤은 깊어 가고 잠은 안 왔지만, 내일 물어보기로 하고 영미는 간신히 잠이 들었다.

"몰랐어?"

다음 날 아침, 사장실에서 만난 우현이 오히려 되물었다. 영미는 충격이었다. 1년 전 식용유 업체를 바꾸겠다고 한 바로 그날, 우현이 업체 정보를 이미 알려 주었다고 얘기하는 게 아닌가. 곧바로 메일함을 뒤져 보니 앞으로 변경되는 회사의 이름은 '좋은기름 주식회사'이고 얼마에 공급받을 예정이며 앞으로 3년간 식용유 가격을 올리지 않겠다는 좋은 조건으로 계약했다는 이메일이 남아 있었다. 하지만 재원이 부인의 회사라는 말은 하지 않은 것 아니냐고 추궁하는 영미에게 우현은 이렇게 대답했다.

"재원이 부인 회사인 것이 왜 문제야? 더 좋지. 모르는 사람보다 더 믿을 수 있는 것 아니야?"

그래도 알렸어야 했던 것 아니냐고, 30%긴 해도 분명 회사의 주인인 주주인데 그런 사실을 모르는 것이 말이 되느냐고 언성을 높이고 싶었지만, 우현의 말이 딱히 틀린 것도 아니어서 영미는 그 말을 차마 할 수 없었다. 치킨코리아는 치킨을 식용유에 튀겨 파는 회사다.

식용유 공급이 끊기거나 질 나쁜 식용유가 섞인다면, 판매와 영업에 치명적이었다. 70% 주주인 재원이 부인의 회사라면 그런 걱정은 하지 않아도 될 것 같았다. 웬만하면 우리 회사에 품질 좋은 식용유를 먼저 공급할 것이 아닌가. 그런데 순간, 영미의 머릿속에 올해는 배당금을 더 올려 지급하지 않겠다고 했던 우현의 말이 스쳐 지나갔다.

작년에는 회사의 이익 3000만 원 중에 1000만 원을 배당하기로 했고(나머지 2000만 원은 다른 용도로 쓰기 위해 회사에 남겨 두고), 지분율대로 영미가 30%인 300만 원을, 재원이 70%인 700만 원을 받아 갔다. 올해는 회사의 이익이 3배 넘는 1억 원이었지만, 작년과 똑같이 배당하자고 한 우현의 말에 따르면 역시 1000만 원을 영미와 재원이 지분율대로 받아 가게 될 것이다. 하지만 '실제로' 지급받는 돈이 과연 그럴까?

영미는 방금 덮었던 좋은기름㈜와의 계약서를 황급히 다시 넘겨 봤다. 치킨코리아는 리터당 2000원에 튀김용 식용유를 공급받고 있었다. 쇼핑 애플리케이션에서 인터넷 최저가를 검색해 보니 싼 것 같기도 하고 아닌 것 같기도 하고 아리송했다. 계산해 보면 1년간 치킨코리아가 쓰는 식용유는 1만 리터가 넘었다. 식용유 구입 비용만 2000만 원이라는 얘기였다. 이렇게 많이 사는데 더 저렴하게 공급해야 하는 것 아닌가? 좋은기름㈜도 어디선가 식용유를 사 와서 이윤을 남기고 우리에게 팔 것이 아닌가? 그 이익은 결국 지혜에게 돌아갈 것이고, 지혜가 받아 가는 돈은 재원이 받아 가는 것과 다름없지 않은가? 그 돈은 사실 이 회사, 치킨코리아와의 거래에서 나온 이익이다. 연말 파티에서 같이 웃고 떠들며 놀았던 재원과 지혜의 얼굴이 떠올랐다. 영미는 괴로웠다. 어쩌면 재원은 영미와 동업을 하면서 지분율 70%에 따른 배당금 700만 원이 아니라 실제로는 1000만 원, 아니 그 이상의 돈을 벌고 있는지도 모를 일이었다.

다음 날 아침, 사장 우현도 대주주 재원도 같은 이야기를 했다. 미리 말해 주지 않아 미안하지만, 좋은기름㈜는 최고급 식용유를 우리 회사에 공급해 주는 훌륭한 파트너고 재원의 부인이 하고 있기 때문에 더욱 믿을 수 있으니 회사에도 이익이라고 영미를 설득했다. 게다가 치킨을 튀기는 식용유는 우리 회사의 가장 중요한 영업 기밀인데 어떻게 다른 사람에게 알려 줄 수 있겠느냐는 이야기도 했다. 항상 인터넷 최저가에 맞출 수 있는 건 아니어서 가끔 그보다 좀 비쌀수 있지만, 안정적으로 식용유를 공급해 주니 그 정도는 봐줄 수 있는 것 아니냐는 이야기도 했다. 영미는 과연 어떤 대답을 할 수 있었을까?

02 3인의 시점:
재원, 우현, 영미

조금 늦었지만 등장인물 소개를 해 보자. 재원의 할아버지는 한국전쟁 직후 맨손으로 세운 사업을 크게 성공시킨 분이었다. 재원은 그 할아버지로부터 회사를 물려받은 엄격한 아버지 밑에서 자랐다. 속칭 '재벌 3세'라 불리는 그는 미국으로 MBA 유학을 다녀온 뒤 젊은 시절부터 아버지 회사에 다니면서 사업이 무엇인지, 경영이 무엇인지 차근차근 배웠다. 물론 승진은 매우 빨랐다. 입사한 지 6개월 만에 대리를 달았고 2년 만에 과장이, 또 2년 만에 차장이 되었다. 부장을 단 후에는 한참 동안 승진이 되지 않았는데, 최연소 임원으로 언론에 나오는 것을 아버지가 싫어했다는 이야기를 나중에 들었다.

　우현은 재원의 대학 동기다. 평범한 회사원 부모 밑에서 태어나 교과서 위주로 공부하면서도 학원과 EBS와 과외의 도움을 조금씩 받아 대학 입학에 성공했다. 대입 후 아버지가 퇴직하시는 바람에 과외와 알바로 학비를 보태기도 하고, 좋은 학점 덕분에 장학금도 타면서 무사히 졸업한 후 대기업에 취직할 수 있었다. 월급을 열심히 모아 저축하고 있지만 아직 집은 없고 투자 같은 것에 큰 관심은 없다. 그런데 대기업의 치킨 사업부에서 근무하던 우현에게 재원이 사장 자리를 제안했던 것이다. 고민 끝에 퇴사를 결심하고 우현은 치킨코리아 사업을 맡게 됐다.

영미는 지방에서 제법 큰 식당을 운영하시는 부모님 덕분에 일찍 돈 버는 방법에 관심을 갖게 되었다. 대학에 들어가서도 공부보다는 사업이나 투자에 관심이 많았고, 모의 주식 투자 대회에서 대상을 탄 적도 있었다. 졸업하고 중견기업에 취직했는데, 당시 영혼까지 끌어모아 은행 대출을 받아서 수도권의 작은 아파트를 샀다. 얼마 후 아파트 가격이 크게 오르는 것을 보며 영미는 다시 한 번 투자가 답이라는 생각을 굳혔다. 때마침 대학 동기 재원이 새로운 사업을 시작한다는 말을 듣고 동업자로 참여하게 됐다. 모아 놓았던 돈도 있었지만 더 크게 투자하기 위해 대출도 조금 받았다.

치킨코리아 이야기를 벗어나 잠깐 현실로 돌아와 보자. 한국에서 이 시대를 살고 있는 여러분은 이 세 명과 비슷한 처지에 있거나 이들과 비슷한 사람을 알고 있거나 적어도 이 중 한 명을 심정적으로 지지하고 있을 것이다.

재원은 이제는 '라떼'의 단어가 되어 버린 '한강의 기적'을 일군 신화적인 경제 발전의 아이콘이다. 1970년대 이후 비약적으로 성장한 대한민국 경제를 재벌 대기업 집단이 (물론 정부의 정책에 적극 호응하여) 주도했다는 사실에 이의를 제기하는 사람은 없을 것이다. 그들이 열심히 일군 사업을 '3세' 재원에게 물려주고, 그 콩고물 일부를 가족이나 친지들과 나누는 것을 당연하거나 혹은 자연스러운 일이라고 생각하는 사람들도 꽤 있을 것이다.

한편 세계 최고 수준의 교육열 속에서 공부에만 몰두한 덕에 대입에 성공하고 또 좁은 취업 문을 뚫은 우현과 같은 유형은 대부분 월급 이외에 별다른 돈 버는 방법을 모른다. 부동산 투기는 왠지 나쁜 것이라고 배웠기 때문에 아파트 가격이 폭등하는 것을 보면서도 주저하다가 집을 사지 못해 후회하기도 한다. 주식이나 펀드에 투자하기도 하지만 이익을 내는 경우는 드물다. 이런 직딩들은 어떻게든 돈 버는 기회를 얻고 싶어 하면서도 '법'을 위반하는 것에 대한 두려움이 있다. 우현같이 회사원 출신으로 사장까지 되는 경우는 흔치 않지만, 대부분의 직딩들은 이런 삶이 가장 바람직하다고, 지향할 만한 삶이라고 생각한다.

마지막으로 부모님의 영향을 포함한 여러 경험으로 일찍이 월급의 덧없음을 느낀 사람들이 있다. 젊은 시절부터 적은 자본이나마 모으거나 직장을 다니다 은퇴한 후 자의 반 타의 반으로 사업(투자)을 시작하는 '소사장'들이다. 이들에게 현실의 벽은 매우 높다. 자본으로 무장되어 있을 뿐 아니라 주도면밀하고, 또 안에서는 팔팔한 젊은 직딩들이 실적과 승진을 위해 치열하게 경쟁하는 대기업 집단과 정면 승부를 하는 것은 애초에 불가능한 일이다. 그들이 관심을 갖지 않는 틈새를 노리거나 그들을 도우면서 작은 이익을 나누어 받는 수밖에 없다. '갑질'을 당하는 경우도 비일비재하지만 이들은 세상의 이치가 다 약육강식인 것 아니냐고 스스로 위안하며, 오히려 을이 갑이 될 수 있다는 희망을 주는 사람을 미워하기도 한다. 하지만 적어도 이들에게 중요한 것은 나누어 받는 돈이 '공정'하느냐는 것이다. 완전히 똑같이 분배되는 것은 기대하지도 않는다. 자신에게 떨어지는 돈이 지나치게 적을 때, 도대체 '정의'가 무엇인지 생각하고 분노한다. 이것은 영미의 얘기다.

이제부터 펼쳐질 내용은 하나의 이야기지만, 관점에 따라 세 가지 스토리로 읽힐 수 있다. 재원의 관점에서는 '돈 버는 방법'에 관한 이야기다. 가족 사업을 하며 어떻게 하면 회사가 아닌 가족들 개개인이 돈을 많이 가져가는 구조를 짤 수 있는지에 관한, 즉 부의 증식에 관한 그들의 비법이다. 영미는 다르다. 영미는 재원이 이런 방법으로 돈을 버는 게 과연 옳은 것인지 의문을 품는 사람이다. 영미의 관점에서는 '법'에 관한 이야기가 된다.

우현의 경우는 조금 복잡하다. 재원의 제안을 받고 치킨코리아의 사장을 맡은 그는 계속 사장 자리를 지키면서 높은 연봉을 받으려면 재원의 가족과 잘 지낼 수밖에 없다. 하지만 회사의 사장으로서 책임이 있다는 것 또한 알고 있기에 재원이 부인과의 거래가 아무래도 마음에 걸린다. 치킨 사업 전문가로서 재원의 부인이 식용유 전문가가 아니라는 사실을 잘 알고 있기 때문이다. 그래서 재원의 '돈 버는 방법'이 '법'에 어긋나는 것은 아닌지 늘 신경이 쓰인다. 하지만 그것이 불법이 아닌 한 회사의 일은 최선을 다해 열심히 할 것이다.

재원, 영미, 우현. 여러분은 이 세 명 중 누구의 관점으로 이 책을 읽어도 좋다.

03 우현의 비밀

사실 우현은 처음 사장 제안을 받았을 때부터 알고 있었다. 치킨코리아 사업을 맡아 달라고 부탁하면서 재원은 높은 연봉을 제시했다. 그 대가로 우현은 생닭이나 식용유 같은 필수 원재료는 어디에서 구입하는 것이 좋은지, 또 인테리어는 어떻게 하고, 튀길 때 식용유의 온도가 몇 도여야 소비자들이 가장 좋아하는 튀김이 되는지와 같은 노하우를 모두 전수했다.

다만 재원은 1년 후부터 식용유는 자신의 아내에게서, 생닭은 자신의 삼촌에게서 공급받아야 한다는 조건을 붙였다. 그러면서 자신의 아내나 삼촌은 식용유나 생닭 유통에 대해 아무것도 모르는 사람들이지만, 1년 정도 배우면 기존 공급 업체에서 물건을 받아 치킨코리아에 납품하는 데 능숙해질 것이라고 했다. 우현은 그들이 잘할 수 있을까 살짝 걱정되었지만, 어차피 재원의 사업이고, 그가 가족 친지들과 같이하겠다고 하는데 뭐라고 말할 입장이 못 됐다.

우현의 마음이 좀 더 무거워진 때는 이 치킨코리아에 재원 혼자서 투자한 것이 아니라는 얘기를 듣던 날이었다. 영미가 30%의 자본금을 대고 동업하기로 했다는 말을 재원에게서 들었을 때, 우현은 재원과 했던 약속을 영미에게 말하지 말아야겠다고 생각했다. 왠지 영미가 기분 나빠 할 것 같다는 느낌이 왔다. 우현은 자신이 열심히 해서 사업이 잘되고 모두 돈을 벌게 되면 별문제는 없을 거라고 스스로를 다독였다. 물론 재원에게 잠시 물어보긴 했다. 그렇게 해도 되는 거냐고, 내가 회사의 사장이 되는데 너의 가족들과 거래해서 혹시 문제 되는 것은 없느냐고, 혹시 영미에게 미리 이야기하고 양해를 구해야하는 것은 아니냐고 질문을 던졌다. 하지만 재원은 이렇게 우현을 안심시켰다.

"회사에 손해만 없으면 되는 거야. 좋은 기름, 좋은 닭을 회사에 잘 공급할 수만 있으면 괜찮아. 지혜하고 삼촌한테 1년 동안 회사에 손해가 되지 않도록 열심히 배우라고 할게. 영미가 좀 섭섭해할 수는 있겠지만, 법적으로는 아무 문제없어."

'법적으로 문제없다.' 우현의 머릿속에 이 말은 깊게 새겨졌다. 굳이 다른 사람에게 물어볼 필요는 없었다. 재원의 말이 틀린 것 같지는 않았기 때문이다. 회사의 사장으로서 그 거래가 회사에 손해를 끼치지 않는 한 문제 될 리는 없다고 판단했다. 그리고 약속대로 1년이 지난 후, 우현은 식용유 거래처를 바꿨다. 그러려고 1년만 계약했던 것이기도 했다. 기존 업체와의 계약 기간이 끝난 후, 재원의 부인 지혜가 대표이사로 있는 좋은기름㈜와 3년 계약을 했다. 좋은기름㈜가 처음 가져온 식용유를 확인해 보니 품질은 그전과 똑같이 좋았다. 공급 가격도 3년 동안 고정하기로 해서 혹시 식용유 가격이 올라서 비용이 늘어나지 않을까 걱정할 필요가 없었다. 생닭 역시 재원의 삼촌 회사와 계약을 했고 이전 공급 업체와 같은 가격이었다. 게다가 생닭을 운송해 주는 트럭 기사 역시 기존 업체에서 닭을 운송해 주던 기사와 같은 사람이었다. 어차피 같은 농장에서 가져오는 것이기 때문에 중간 유통업체가 바뀌어도 같은 기사님이 운송해 주는 것이라고 했다. 같은 농장에서 나오는 생닭이니 품질은 이전과 당연히 같았고, 우현의 걱정은 눈 녹듯 사라졌다.

조금 자신감이 생긴 우현은 계약 변경 사실을 영미에게 이메일로 보내 두었다. 식용유와 생닭을 공급하는 회사 이름을 알려 주었으니, 영미도 언제든 인터넷을 찾아보면 그 회사들이 재원의 부인이나 삼촌이 하는 회사인 것을 알 수 있을 것이다. 물론 삼촌 회사인 것은 모를 수도 있겠지만, 어차피 법적으로 문제가 있거나 사장으로서 꼭 해야 하는 일은 아니므로 별 상관없을 거라고 생각하고 넘어갔다. 영미도 이메일에 딱히 회신하지는 않았다.

이렇게 1년 전에 모두 해결된 것이라고 생각했는데, 2년 차 결산 파티를 마친 다음 날 영미가 왜 자신에게 그 사실을 말하지 않았느냐고 따져 물었던 것이다. 우현은 가슴이 두근거렸고 곧 불안해졌다. 가뜩이나 계약 초반에는 지혜가 공급해 주는 식용유나 삼촌과 계약한 생닭 모두 문제가 없었지만, 근래 들어 품질이 낮거나 이물질이 섞여 들어오는 경우가 잦아지고 있다는 보고를 받은 참이었다. 계약 첫해에는 '육질이 정말 좋다'는 얘기를 들었던 생닭도 요즘에는 손님들이 냄새가 난다고 항의하는 일이 종종 있었다. 하지만 3년 계약을 했기 때문에 회사로서는 어쩔 도리가 없었다. 게다가 치킨 사업을 잘 아는 우현으로서는 그 이유가 무엇인지 이미 잘 알고 있었다.

지혜와 삼촌은 회사에 식용유와 생닭을 공급해 주던 기존 업체에서 그것을 사 온 다음, 다시 치킨코리아에 납품하고 있었다. 재원이나 지혜, 삼촌이 말해 준 게 아니라 한 친목 모임에서 기존 공급 업체의 사장들이 넌지시 이야기해 주었다. 물론 그 사장들도 거래처가 끊기는 것을 원하지는 않았기에 강하게 항의하지 않았다.

이 일로 우현은 치킨코리아가 구매하는 식용유와 생닭 가격은 예전과 똑같았지만, 기존 업체들은 공급 가격을 낮췄다는 사실을 알게되었다. 중간에서 지혜 회사와 삼촌 회사가 이익을 남겼기 때문이다. 이렇게 되자 기존 업체들 입장에서는 품질이 월등한 식용유나 생닭은 값을 잘 쳐주는 다른 거래처에 납품할 수밖에 없었다. 미묘한 변화였기 때문에 치킨 사업을 잘 모르는 영미가 알아차리기는 어려울 거라고 생각했지만, 우현은 늘 마음 한구석이 무거웠다.

영미에게 이 사실을 모두 이야기해 줄 수는 없었고, 또 그럴 필요도 없다고 생각했다. 식용유나 생닭 품질은 이런 사정이 없더라도 매일

Level 1. 일단 치킨 가게부터 차려 봅시다
029

매일 달라질 수 있지 않은가. 정확히 측정할 수 있는 것도 아니고 숫자로 표시할 수도 없는 문제였다. 그런데 우현은 영미의 추궁을 받자 저도 모르게 목소리가 높아지고 말았다.

"몰랐어? 재원이 부인 회사인 거? 더 좋잖아. 모르는 사람보다 더 믿을 수 있는 것 아니야? 생닭도 재원이 삼촌네 회사에서 받고 있어. 1년 전에 다 이야기했던 것인데 왜 이제 와서 그래?"

한참 동안 자신의 얼굴을 조용히 바라보다가 사무실을 나간 영미의 뒷모습이 잊히지 않아 우현은 마음이 불편했다. 지난 2년 동안 거칠 것 없이 잘나가던 치킨코리아의 사업이 흔들리게 되는 것일까? 영미도 회사의 30% 주주다. 사장에 대해서 어떤 식으로든 항의할 수 있는 입장이다. 영미에게 다른 방법으로 조금 더 회사의 이익을 나눠 주어야 할 것도 같은데, 어떤 방법으로 해야 할지 모르겠다.

사무실 안을 죽 돌아보았다. 컴퓨터, 볼펜, 인쇄용지가 보였다. 이 사무용품들을 영미의 이모가 운영한다는 문구점과 계약해서 공급받을까? 그러면 좀 좋아할까? 아니면 아직 몇 명 되지는 않지만 직원들의 점심 도시락을 영미의 부모님 식당에서 주문하면 그의 마음을 다 독여 줄 수 있을까? 생각에 생각이 꼬리를 물고 이어졌지만, 무엇보다 회사 운영이 모두 이런 식으로 이루어진다면 최고의 치킨을 판매해서 회사의 매출과 이익을 계속 성장시킬 자신이 없었다. 우현은 그런 느낌이 강하게 들었다.

재벌(이 돈 버는 방)법 vs 재벌(을 규제하는) 법

앞으로 치킨코리아의 3년 차 사업은 어떻게 될까? 재원과 영미는 계속 동업자로 잘 지낼 수 있을까? 우현은 사장 역할을 잘하면서 치킨코리아의 매출과 이익을 지속적으로 성장시킬 수 있을까? 물론 이 책에서 치킨코리아를 둘러싼 드라마를 소개하려는 것은 아니기 때문에 그 뒤의 이야기는 여러분의 상상에 맡기기로 한다.

하지만 치킨코리아의 등장인물과 상황, 그리고 서로의 관계는 기억해 주기 바란다. 이미 눈치챈 사람이 있을지 모르겠지만, 치킨코리아 이야기는 지난 25년간 영화보다 더 역동적인 추격전을 펼쳐 온 우리나라의 재벌과 그 주변 관계를 단순하게 스케치해 본 것이다. 앞으로 가끔 설명이 복잡해질 때마다 여러분의 이해를 돕는 도구로 한 번씩 불러올 예정이다. 치킨코리아와 재원, 우현 그리고 영미를 기억하자.

단어 하나만 더 머릿속에 입력해 두자. 이 책에서는 '재벌법'이라는 말을 쓸 예정이다. 우리나라 법의 분류에 재벌법이라는 분야는 없다. 여기에서 처음으로 쓰는 단어다. 참고로 법학 교과서와 법전의 분류에 따라 그 경계를 구분해 보면, 상법의 '회사 편' 중에서 재벌 문제를 해결하기 위해 도입된 여러 규정, 재벌의 경영권 승계를 둘러싸고 나온 회사법 관련 판례들, '자본시장과 금융투자업에 관한 법률(자본시장법)' 중 합병을 포함한 자본거래를 규율하는 부분, '독점규제 및 공정거래에 관한 법률(공정거래법)' 중 대규모 기업 집단과 내부 거래 규제에 관한 부분, '세법' 중 상속과 일감 몰아주기 등 재벌 거래를 규제하기 위해 도입된 부분이 이제부터 설명할 '재벌법'에 속한다. 비유하자면, 재벌법은 마치 터키와 이란, 이라크, 시리아에 걸쳐서 민족을 이루며 살아가고 있지만 그들만의 국가는 없는 '쿠르드족'과 같다. 그 실체는 있지만 '정식 이름'이 없는 것이다.

그러나 재벌법은 분명히 존재한다. 상법, 자본시장법, 세법, 공정거래법과 같이 이곳저곳에 소속되어 있기는 하지만 태어난 연유가 같은 법들이다. 재벌법은 대부분 재벌이 사업을 잘해서 돈 버는 것 이외에 개인적으로 돈을 더 벌 수 있는 방법 또는 세금이나 책임을 피해서 돈을 아끼는 방법을 고안해 냈을 때, 그 방법을 금지 혹은 방지하기 위해 만들어진 것이다. 그러니 재벌이 돈 버는 방법과 재벌을 규제하는 법은 사실 동전의 양면과 같다. 예를 들어 재벌 회장들이 회사의 대표이사에게 경영상의 책임을 묻는 법을 피하기 위해서 다

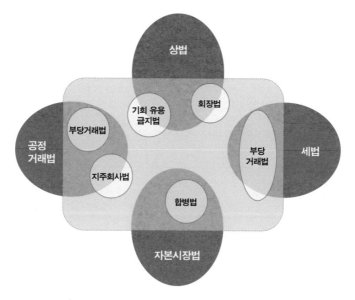

[그림 01] 독립적인 법으로 존재하는 것은 아니지만,
재벌법은 법전 여기저기에 분명히 살아 숨 쉬고 있다.

른 사람을 대표이사로 앉히고, 그 대표이사에게 지시를 내려서 경영상 의사 결정을 하는 것이 유행했었다. 그러자 '업무 집행 지시자'라는 새로운 개념을 만들어서 경영상 의사 결정을 한 회장에게 대표이사와 똑같이 책임을 묻는 법이 만들어졌다. 이런 이유로 재벌법은 재벌이 돈을 번 방법의 흔적이라고 할 수 있고, 이 흔적을 뒤집으면 바로 재벌을 규제하는 법이 된다.

다음 장부터는 본격적으로 재벌이 돈을 벌어 왔고, 현재도 돈을 벌고 있는 방법, 그대로 따라 하면 누구나 재벌처럼 부를 증식할 수 있는 비법에 대해 자세히 설명할 것이다. 예전에 '무작정 따라 하기' 시리즈가 유행한 적이 있는데, 이 책도 비슷하다. 따라 하기만 하면 재벌처럼 돈을 벌 수 있는 방법이다. 한 가지 주의할 점은 '재벌'과 '재벌 대기업'을 구분할 필요가 있다는 것이다. 가끔 이 개념들이 섞여서 쓰이곤 하는데, 재벌이라는 단어는 엄밀히 말하면 '회사'가 아니라 재벌 대기업의 주주 혹은 임원의 지위에 있는 사람, 또는 그러한 지위 없이도 경영상 의사 결정을 하는 '가족이나 친척 구성원' 개인들을 말한다. 그런 점에서 다음부터 펼쳐질 내용은 우리나라의 재벌 대기업들이 어떤 방식으로 매출을 올리고 어떤 효율적인 방법으로 비용을 절감하였는지에 관한 이야기가 아니라는 점을 분명히 하겠다. 개인으로서의 재벌, 즉 대기업을 지배하는 재벌 가족 구성원들이 어떤 방법을 이용해서 돈을 벌어 왔는지를 자세히 뜯어볼 것이다.

  말이 너무 길어서 번거로우니 앞으로는 '재벌이 돈 버는 방법'을 줄여서 재벌법이라 할 것이다. 물론 '이런 방법을 규제하기 위해 만든 법'도 재벌법이라고 부를 것이다. 두 가지가 사실 같다는 점은 앞에서 이야기한 바 있으니, 이렇게 줄여 쓰더라도 '찰떡같이' 이해해 주면 좋겠다.

주주, 사장 그리고 임직원

본격적으로 재벌법의 세계로 들어가기 전에, 아주 기초적인 회사의 구조 몇 가지는 알고 갈 필요가 있다. 재벌법은 대부분 '회사'라는 제도와 그 안에서 일어나는 일들을 마법처럼 이용하는 것에서 출발하기 때문이다. 약간 지루할 수 있지만, 간단한 예를 들어 쉽게 설명할 예정이니 인내심을 가지고 따라가 보자.

먼저 생각해 볼 게 있다. 회사의 구성원으로는 누가 있을까? 회사에는 사장, 임원, 직원, 그리고 눈에 잘 보이지 않는 '주주'들이 있다. 임원은 어차피 사장님 말에 따른다는 점에서는 직원과 같으니 '임직원'으로 묶어 버리자. 다시 정리하면, 회사에는 주주, 사장 그리고 임직원이 있다.

[그림 02] 회사에는 눈에 보이는 사장과 임직원,
그리고 회사 안에는 없지만, 분명 존재하는 주주가 있다.

주주는 회사에 돈을 댄 사람을 말한다. 처음에 돈을 댄 사람일 수도 있고, 나중에 돈을 댄 사람일 수도 있다. 처음에 돈을 댄 사람으로부터 자격을 물려받은 사람 또한 주주다.

치킨코리아 이야기에서 창업 자본금 1억 원 중 7000만 원을 낸 재원과 3000만 원을 낸 영미는 모두 '주주'다. 만약 나중에 누군가가 치킨코리아에 투자하고 싶다며 회사에 5000만 원을 낸다면 그 사람도 주주가 된다. 물론 돈을 낸다고 해서 무조건 주주가 되는 것은 아니고 회사와 계약을 해야 한다. 재원이나 영미로부터 치킨코리아의 주식을 산 사람도 주주가 될 수 있다. 즉, 회사에 직접 돈을 내지 않고 그 회사의 주주에게 돈을 내고 주식을 사도 똑같이 주주가 된다. 주주의 권리는 사고팔 수 있기 때문이다. 스포츠 센터 회원권이나 스타벅스 e-프리퀀시를 타인과 사고파는 것 또는 주고받는 것과 거의 같다. 회사에 직접 투자한 것은 아니지만 먼저 투자한 사람에게 돈을 주고 주식을 산 것도 결국 그 회사에 투자한 것과 같다고 보기 때문에 모두가 똑같이 주주로서의 권리를 가진다.

그렇다면 주식은 왜 사는 걸까? 회사에 돈을 내고 주주가 될 경우 두 가지 방법으로 돈을 벌 수 있다. 첫째, 회사가 돈을 벌면 1년에 한두 번 또는 여러 번 주주의 몫으로 돈을 나누어 준다. 이것을 '배당금'이라고 하는데, 어떤 회사는 같은 돈을 넣었을 때 은행 이자보다 더 많은 배당금을 주기도 한다. 배당금을 받는 것은 주주가 돈을 버는 가장 기본적인 방법이다. 그런데 배당금을 받을 때까지 기다릴 수 없을 경우, 회사의 주식을 다른 사람에게 더 비싼 값에 팔아서 돈을 벌 수 있다. 치킨코리아의 주식 하나를 5000원에 사서 갖고 있다가 누군가에게 이 주식을 6000원에 팔면 1000원 이익이 남는다. 만약 1만 주를 갖고 있었는데 모두 판다면 이익은 1000만 원이 된다! 장사와 똑같다. 도매 시장에서 1만 원에 옷을 떼어 와 소비자에게 1만 2000원에 파는 것과 같다. 이렇듯 주식은 다른 사람에게 판매해서 돈을 벌 수 있기 때문에 사고팔기가 쉬운 주식이 곧 돈 벌기 좋은 주식이 된다. 그런데 어떤 물건을 개인적으로 사고파는 건 어렵지만 시장에서는 사고팔기 쉬운 것처럼, 주식도 쉽게 사고팔려면 주식 시장에 이름을 올려야 한다. 이를 '상장' 또는 'IPOInitial Public Offering'라고 하며, 우리나라에서는 한국거래소가 이런 역할을 한다.

두 번째로 사장의 개념을 알아보자. 공식 용어로 사장을 '대표이사'라고 부르는데, 이사들 중 대표라는 뜻이다. 법적으로 이사가 무엇인지 어떤 권한이 있는지 세세하게 설명하면 조금 복잡해질 수 있으니, 그냥 대표이사도 이사 중 한 명이라는 정도로 이해하고 넘어가자. 그래도 별문제 없다. 가끔 삼성전자와 같은 거대 기업에는 사장이 대표이사가 아닌 경우도 있고(사업 부문별로 사장이 있다), 아주 작은 회사여서 이사가 한 명만 있을 때는 대표이사가 아니라 '사내이사'면서 동시에 사장이라고 하는 경우도 있다. 회사의 규모에 따라 다른 것인데, 이 책에서는 대기업을 다룰 것이고, 이런 회사에서는 사장이 대표이사를 뜻하고 대표이사가 사장을 의미하니 편하게 '사장=대표이사'라고 정해 두자.

사실 사장도 대부분의 직장인들처럼 회사에서 월급을 받아 돈을 번다. 그런데 사장의 임기는 생각보다 매우 짧다. 샐러리맨 출신 사장으로 유명한 LG생활건강의 차석용 부회장이 2020년 기준 16년째 대표이사 자리에 있긴 하지만, 재벌 가족이 아닌 사장의 임기는 대부분 2~3년 정도다. 임기가 짧은 가장 큰 이유는 대표이사의 임기가 최대 3년이라고 법으로 정해져 있기 때문이다. 3년 후에도 계속 대표이사를 하려면 한 번 더 선임이 되어야 한다. 그러면 사장은 누가 뽑을까? 사장은 주주들이 다수결로 선출한다. 정확히는 주주들이 다수결을 통해서 이사 여러 명을 뽑으면, 선출된 이사들이 모여서 다시 한 번 다수결로 대표이사를 뽑는다. 현실에서는 주주들이 이사를 뽑을 때 그중 누가 대표이사가 될 것인지 이미 알고 선출하는 경우가 대부분이다. 결론적으로 사장은 주주가 뽑아 주는 것이기에 그들의 뜻에 따라 경영을 하고 그들에게 잘 보이려고 할 수밖에 없다.

그런데 일반적인 선거와 결정적으로 다른 것이 하나 있다. 1인 1표가 아니라 1주 1표라는 점이다. 쉽게 말하면 1만 주를 가진 주주는 100주를 가진 주주보다 의결권이 100배 더 많다. 치킨코리아의 주주는 재원과 영미 두 명이지만, 70% 주주인 재원은 70%의 의결권을 갖고 있기 때문에 다수결로 정하는 회사의 많은 결정을 혼자서 할 수 있다. 반대로 30% 주주인 영미는 의결권이 30%밖에 안 되기 때문에 재원의 동의 없이 혼자서 결정할 수 있는 게 거의 없다.

당연한 설명을 너무 길게 한 것 같지만, 이것이 앞으로 이야기할 많은 재벌법의 중요한 포인트 중 하나다. 다수결을 혼자 할 수 있는 주주와 그렇지 않은 주주 사이에는 큰 차이가 있다. 어떤 회사의 주식 50%를 가진 주주와 50%에서 1주를 더 가진 주주는 과장을 조금 보태어 하늘과 땅 차이까지 난다고 할 수 있다.

마지막으로 이 책을 읽고 있는 대부분이 속해 있을 '임직원'이 있다. 하지만 여기서는 임직원에 대해서 중요하게 다루지 않을 예정이다. 임직원도 월급을 받고 회사를 위해 일하는 회사의 구성원인 것은 분명하지만, 안타깝게도 자본주의를 채택한 우리나라에서 임직원은 회사의 의사 결정 책상에 앉을 수 없다(노동조합이 관여하는 극히 일부의 결정은 예외다). 실제로 회사의 의사 결정에 관한 법인 '상법'에는 임직원에 관한 규정이 없다(등기 임원 제외). 그래서 회사의 '지배구조 또는 거버넌스governance'라고 하면, 일반적으로 회사의 주주와 이사가 어떻게 구성되고 사장을 어떻게 임명하며 누가 회사의 정책을 어떻게 결정해야 하는지에 관한 문제를 말한다.

여러분은 이제 재벌(이 돈 버는 방)법을 배우기 위해 필요한 기초를 충분히 배웠다. 다음 장부터는 읽으면서 무작정 따라 하기만 하면 된다.

━━━━━━━━━━ 핵 심 개 념 정 리 ━━━━━━━━━━

• 주주 | 회사에서 주주는 돈을 낸 사람들이다. 돈을 낸 대가로 회사로부터 배당금을 받거나 다른 사람에게 주식을 더 비싸게 팔아서 돈을 벌 수 있다. 주주들은 머릿수가 아닌 '돈의 다수결'로 사장을 뽑는다.

• 사장 | 회사의 경영에 관한 가장 많은 의사 결정을 하는 사람이다. 대부분 대표 이사를 뜻하나 그렇지 않은 경우도 있다. 사장은 주주들이 뽑는데, 적어도 3년에 한 번 바뀌거나 다시 선출되어야 한다.

• 임직원 | 사장의 지시를 받아 회사의 일을 하는 사람들이다. 임원도 등기 이사가 아닌 한 대부분 직원과 같은 근로자다. 이러한 임직원은 회사의 경영상 의사 결정에 원칙적으로 관여할 수 없다.

• 배당 | 회사가 이익을 남겼을 때 주주에게 나누어 주는 돈을 의미한다. 보통 1년에 한두 번 또는 여러 번 나누어 줄 때도 있다. 외국 회사의 경우 분기에 한 번씩, 즉 1년에 네 번 나누어 주는 경우도 있다. 가끔은 돈 대신 주식으로 배당을 주기도 하는데, 이것을 '주식 배당'이라고 한다.

Level 2.

재벌법 기초 편:

법을 알면 돈은 스스로 증식한다

06

회장님, 회장님, 우리 회장님

회사의 구성원인 주주, 사장 그리고 임직원 외에도 재벌법을 터득하기 위해서 반드시 알아야 할 마지막 인물이 하나 더 있다. 바로 '회장'이다.

기억하는 사람이 있을지 모르겠지만, 1980년대 후반에 인기가 높았던 개그 프로그램이 하나 있다. KBS에서 방영되었던 〈회장님, 회장님, 우리 회장님〉이라는 프로그램은 어떤 재벌 그룹의 회의실을 배경으로 회장 한 사람에게 맹목적으로 충성하는 임원들의 모습을 그리면서 인기를 끌었다. 회장이 어떤 말을 해도 그 사람에게 잘 보이기 위해 아부를 거듭하는 임원들의 모습, 아마도 이것이 우리나라 사람들이 '재벌' 또는 '대기업' 하면 떠올리는 가장 전형적인 그림이 아닐까.

그러면 회장은 누구일까? 우리나라의 회사를 이해하려면 회장의 개념부터 이해해야 한다. 사실 회사법에는 회장이라는 직함이 없다. 처음부터 없었고, 현재도 없다. 법에는 이사와 대표이사가 명시되어 있을 뿐이다. 그런데 사람들은 일반적으로 회장을 사장보다 높은 사람이라고 생각한다. 대체 회장이라는 말은 어디에서 나온 것일까? 또 법적으로 어떤 의미를 가질까?

회장은 여러 회사의 사장들이 모이는 '협의회'의 장에서 나온 말이다. 협의회는 여러 계열회사 사장들의 모임을 말하는데, 이를 '사장단'이라고도 부른다. 어떤 회사가 성장해서 다른 사업에 진출할 경우, 직접 그 사업을 운영하지 않고 새로운 회사를 설립해서 진행하면 두 개의 회사가 생긴다. 이런 회사들을 서로 '계열회사' 관계에 있다고 말한다. 계열회사들 사이에는 부딪힐 일이 별로 없기에 대부분 의견이 비슷하지만, 다양한 거래 관계를 맺게 되므로 서로의 이해관계를 적당히 조절해야 하는 경우도 생긴다. 예컨대 삼성, 현대, SK와 같은 기업들은 하나의 그룹이라는 표시로 '브랜드'를 공유하고 있고 한 브랜드의 계열회사들은 사회적인 이슈에 대해 같은 목소리를 낼 필요가 있다. 그래서 계열회사의 사장들은 정기적으로 모여서 공통 관심사에 관련된 회의를 하고 친분도 쌓는 모임을 가진다. 그곳의 좌장이 모든 계열회사의 공통적인 '높은 분'이라고 할 수 있는 개인 대주주, 즉 '회장님'이 되는 것이다.

사장 위에 있는 회장의 지위는 막강하다. 물론 회사법의 관점에서도 과반수 주식을 보유한 주주에게는 힘이 있다고 본다. 경영상의 의

사 결정 권한은 없지만, 회사의 경영을 담당하는 이사를 선출할 권한이 있고, 대표이사는 이사 중에서 선출되기 때문에 원칙적으로 대표이사는 경영 전반에서 과반수 대주주의 의견을 따라야 한다. 몇 단계를 거치지만 결국 대표이사의 인사권을 가진 것은 과반수 대주주이기 때문이다. 이것은 우리나라의 회사법이 의도하고 만든 회사 내의 의사 결정 구조이자 권력 구조이고 흔히 지배구조 또는 거버넌스라 불린다.

하지만 여러 계열회사의 사장들을 자신의 의견에 따르게 하는 회장의 힘은 과반수 대주주로서의 힘만은 아니다. 실제로 모든 회장이 소속 회사의 과반수 대주주인 것은 아니다. 그런데도 대부분의 회장은 계열회사 협의회에서 사장들의 의견을 조율하고 회의를 주재하는 의장 역할을 넘어, 사장에 대한 직접적인 인사권을 행사해 왔다. 회장은 말 한마디로 계열회사의 사장들을 선임하고 해임할 수 있었다. 또 그 힘을 이용해서 사장에게 직접 업무 지시를 내리고, 그 계열회사의 사장이 아닌데도 해당 회사의 핵심적인 의사 결정을 했다. 현실은 〈회장님, 회장님, 우리 회장님〉에서 그려진 모습 그대로였던 것이다.

우리나라에서 재벌 그룹이라 불리는 회사는 이사회에서 선출된 대표이사가 회사를 대표하여 최후의 의사 결정을 하고 영업상 모든 행위를 할 수 있도록 규정한 상법 제389조에 따라 작동하지 않았다.

어떻게 이런 일이 가능했을까? 단순하게 말하면, 회사와 회사가 지분 관계로 '연결'되어 있기 때문이다. 쉽게 말해 배와 배를 서로 끈으

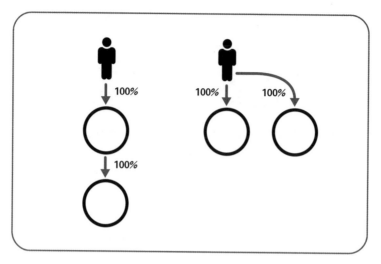

[그림 03] 버거코리아를 설립하는 방법. 왼쪽은 100% 자회사, 오른쪽은 자매회사다.

로 묶은 뒤, 맨 앞에 있는 배 하나만 끌면 다 같이 움직이게 되어 있어서다. 이는 새로운 사업을 하기 위해서 회사를 설립할 때 회장 개인의 돈이 아닌 회사의 돈을 이용했기 때문인데, 이것은 회장이 회사를 설립하는 흔한 방법 중 하나다.

치킨코리아가 햄버거 사업에 진출하기 위해 '버거코리아'를 설립한다고 가정해 보자. 필요한 자본금을 치킨코리아가 내면 버거코리아는 치킨코리아의 100% 자회사가 된다. 만약 치킨코리아가 돈을 내지 않고 재원과 영미가 또다시 70%와 30%를 낸다면 버거코리아는 치킨코리아와 어떤 관계가 될까? 이런 경우 치킨코리아와 버거코리아는 서로 경제적 이해관계는 없지만 공통의 대주주를 둔 자매회사가 되는데, 우리나라 법에서는 이 또한 계열회사라고 본다.¹ 그런데 현실에서 치킨코리아가 벌어들인 돈을 주주인 재원과 영미가 받아 간 후 다시 버거코리아에 투자하려면, 세금을 두 번 내야 한다(월급으로 받아 가면 근로 소득세를 내고, 배당으로 받아 가면 배당 소득세를 낸다. 그다음 이를 다른 회사에 투자하면 다시 취득세 등 세금을 낸다). 그래서 새로운 회사를 설립할 때는 일반적으로 개인 돈을 내는 것보다 회사에 쌓인 돈을 곧바로 이용하는 방법이 훨씬 많이 쓰인다.

이런 식으로 회장이 지분을 가진 회사가 새로운 자회사를 설립하면 회장은 자회사에 대한 지분 없이도 자회사를 경영할 수 있게 된다. 자회사의 대표이사를 주주인 모회사가 결정하는데, 모회사의 의사 결정은 대주주인 회장이 하기 때문이다. 자회사가 또 새로운 회사를 설립하면 이를 손자회사라고 하고 같은 논리로 손자회사 역시 회장이 경영상 의사 결정을 할 수 있다. 이런 피라미드식 계층 구조는 세계적으로 가장 쉽게 볼 수 있는 대기업의 형태다(예를 들면 구글은 지주회사인 모회사 알파벳의 자회사다). 그런데 만약 이 손자회사가 자신이 벌어들인 돈으로 모회사에 재투자해 지분을 취득하면, 꼬리에 꼬리를 무는 형태의 '순환출자' 구조가 된다.

회장, 즉 재벌 대기업의 개인 대주주들은 이런 방식으로 회사들 사이의 지분 관계를 이용해서 계열회사들에 대해 실제로 투자한 돈 이상의 영향력을 행사해 왔다. 이런 효과는 회사가 다른 회사의 지분을 취득할 수 있는 한 언제든 자연스럽게 생길 수 있고, 그 효과의 크기는 사실 지주회사 구조나 순환출자 구조나 거의 같다(우리나라에서 순환

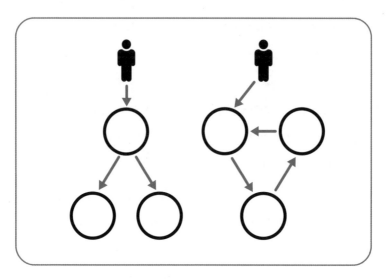

[그림 04] 왼쪽은 지주회사 구조, 오른쪽은 순환출자 구조다.

출자 구조가 비판받고 지주회사 구조가 '절대 선'으로 인식된 것은 IMF 구제금융 사태 이후인 1998년부터고, 그전에는 지주회사가 법으로 금지됐다는 점을 말해 둔다. 이 이야기는 뒤에서 더 자세히 할 것이다).

 이것이 사장 위에 있는 회장의 실체이자 대표이사가 아닌 회장이 있게 된 경제적인 근거다. 회사가 커지면서 회사보다 더 큰 조직의 형태로 여러 회사가 모인 기업 집단이 세계적으로 다수 생겼기 때문에 독일처럼 아예 '기업 집단법'을 만들어 둔 나라도 있다. 우리나라 법에는 기업 집단에 관한 규정이 따로 없지만, 이런 '회장님'의 존재를 인정하는 재미있는 조항을 하나 넣어 두었다. 이 조항이 도입된 것은 1998년으로 IMF 구제금융 사태를 초래한 경제 위기에 충격받고, 산업화 이후 30여 년간 우리 사회와 경제에서 통하던 여러 가치

에 대해 깊은 반성을 했을 때다. 당시 새로 만들어진 상법 제401조의
2의 내용은 아래와 같다.

> **제401조의2(업무집행지시자 등의 책임)** ①다음 각호의 1에 해당하는 자는 그
> 지시하거나 집행한 업무에 관하여 제399조·제401조및 제403조의 적용에
> 있어서 이를 이사로 본다.
> 1. 회사에 대한 자신의 영향력을 이용하여 이사에게 업무집행을 지시한 자.
> 2. 이사의 이름으로 직접 업무를 집행한 자.
> 3. 이사가 아니면서 명예회장·회장·사장·부사장·전무·상무·이사 기타
> 회사의 업무를 집행할 권한이 있는 것으로 인정될 만한 명칭을 사용하여 회
> 사의 업무를 집행한 자.

 '업무 집행 지시자'. 법적인 표현이라 하기에는 참 어색하고 실제로
도 잘 쓰이지 않는 용어다. 상법을 개정한 사람들이 차마 법전의 제
목에 '회장 등의 책임'이라는 말을 붙이지는 못한 듯하다. 위 상법 제
401조의2에는 웃지 못할 우리나라의 재벌 대기업의 현실이 고스란
히 드러나 있다. 회사 경영에 있어서 대표이사 혹은 이사가 최종 의
사 결정자가 아니고 이들에게 실제 업무 집행을 따로 지시한 사람이
있다는 사실을 인정해야 하는데, 그 내용이 상법에 없었던 것이다.
 이 사람은 '회사에 대한 자신의 영향력을 이용하여' '이사의 이름

으로 직접' '이사가 아니면서 회장 등의 명칭을 사용하여' 회사의 경영상 중요 사항을 결정했다. 분명히 상법에는 존재하지 않는 이 사람이 이사가 아니면서도 회사의 의사 결정을 하고 있는 엄연한 현실을 법 안에 어떻게든 집어넣기 위한 입법자들의 고심이 느껴지는 조문이다.

이렇게 도입된 상법 제401조의2는 우리나라 재벌 대기업들의 법인 등기 실무에 작은 변화를 가져왔다. 회사에는 그 회사에 투자한 자본금의 액수와 대표이사, 이사, 감사와 같은 임원들의 명단을 누구나 볼 수 있게 공시하는 '등기'가 있다. 빌딩이나 아파트에 부동산 등기가 있는 것처럼 회사에 대해서는 '법인 등기'라는 것이 있고, 누구나 대법원 사이트에서 '법인 등기사항 전부증명서'를 떼어 볼 수 있다. 자신이 다니는 회사의 전무님, 상무님이 회사의 '진짜 임원'인지 알아보고 싶으면 법인 등기를 열람해 보면 된다.

이 조항이 도입되기 전까지 회장들 대부분은 회사의 법인 등기에 이름 올리는 것을 꺼렸다. 회사의 진짜 임원이 되면 의사 결정권과 같은 '권력'을 갖게 되지만, '책임'도 져야 하기 때문이다. 임원은 강력한 권한을 위임받은 만큼 경영상 잘못된 판단을 하면 주주들에게 큰 비난을 받을 수밖에 없는 자리다. 따라서 과거 많은 회사의 등기부에는 회장들의 이름이 없었다. 그런데 등기에도 없는 회장들이 의사 결정을 하는 현실을 법으로 규정하기 위해서 상법 제401조의2가 만들어지자, 다시 말해서 등기 이사든 아니든 똑같은 책임을 지게 되자 회장들의 이름이 회사의 법인 등기 안으로 들어오기 시작했다.

우리에게는 사장으로 '승진'했다는 뉴스가 어색하지 않다. 물론 상법에서는 주주들이 이사를 선출하고 이사들 중에서 대표이사, 즉 사장이 '선출'된다고 명시되어 있다. 그러나 현실에서는 사장도 누군가에 의해서 임명되는 자리이고 그것을 임명하는 사람은 회장이라고 일반적으로 생각한다. 또 재벌 대기업의 직급은 회장-부회장-사장-부사장-전무-상무 순이라고 생각하는 것이 보통이다. 재벌 대기업의 사장, '대표이사'를 회장님의 결재를 받아 업무를 지시하는 중간 단계의 임원 중 하나 정도로 여기는 것이다. 법이 옳은지 현실이 옳은지 그 판단은 뒤로 미뤄 두기로 하자. 일단 법과 현실 사이에 큰 틈이 있다는 사실을 아는 것이 재벌법의 시작이다. 그리고 이 '회장님'을 중심으로 수많은 창과 방패가 숨바꼭질을 해 온 것이 재벌법의 역사다.

이제 충성스러운 임원들이 회장님을 위해 돈 버는 방법을 만들어 내면, 뒤이어 그것을 다시 할 수 없게 막는 법이 만들어져 온 지난 25년 숨바꼭질의 역사 속으로 한 발짝 들어가 보자.

07

기초 1단계: 회장님 직접 밀어주기

가장 기초적인 재벌(이 돈 버는 방)법은 쉽다. 초등학생도 생각할 수 있는 방법이다. 회장이든 다른 사람에게든 회사가 돈을 주면 된다. 받은 사람이 증여세만 정확히 내면 아무 문제가 없다. 하지만 회사는 그냥 증여할 수 없다. 아무 대가도 받지 않고 회삿돈을 다른 사람에게 증여할 경우, 그런 결정을 한 임원이 자신의 돈으로 해당 액수를 회사에 채워 넣어야 하고(손해배상), 심각한 경우 철창신세를 질 수도 있다(업무상 배임죄).

합법적으로 회사가 회장에게 돈을 밀어주는 기본적인 방법은 크게 두 가지로 나눌 수 있다.

첫째, 연봉으로 주거나 둘째, 배당금으로 주는 것이다. 배당금이란 회사 이익의 일부를 정기적으로 주주에게 주는 것이다. 이렇게 줄 때도 세금 계산기를 두드려 봐야 한다. 잠깐 보면 회장의 지분율이 높을 경우 배당금으로 받는 게 연봉으로 받는 것보다 더 많이 가져갈 수 있을 것 같다. 배당 소득세는 15% 정도이고 회장과 같은 고연봉자들이 내는 소득세율은 약 40% 이상이기 때문이다. 하지만 회사가 이익을 내면 그 이익에 대해 법인세로 약 20%를 내야 한다. 그 후에 배당을 주는 것이기 때문에 결과적으로 총 35% 정도를 세금으로 내게 된다. 게다가 '금융소득 종합과세'라는 제도가 있어서 소득이 높으면 세금은 세율이 높은 쪽을 적용받는 데다 배당은 회장 말고 다른 주주들에게도 공평하게 줘야 한다. 정리하면 회장에게 배당금으로 돈을 밀어줄 경우 회사 밖으로 흘러 나가는 돈이 너무 많아진다. 그래서 우리나라의 재벌 대기업들은 배당금보다 경영진으로 참여하고 있는 회장 또는 그 가족들의 급여나 보너스(상여) 등을 포함한 연봉을 높게 책정하는 방법을 주로 이용해 왔다.

그러나 이 방법에는 한계가 있다. 우선 사람들은 대부분 근로 소득을 '일한 것에 대한 대가'라고 생각한다. 따라서 연봉을 너무 많이 받으면 아무리 중요한 의사 결정에 대한 대가라고 해도 그것이 적당한지 의문을 제기한다. 삼성, 현대자동차 등과 같이 수십, 수백조 원의 매출을 올리는 우리나라 주요 재벌 대기업의 회장들 중에는 약 100억 원에 가까운 연봉을 받는 사람도 있고, 미국 주요 대기업들의 CEO 중에는 1000억 원이 넘게 받는 사람도 있다. 이런 주요 임원들의 연봉은 회사가 대중에게 공시해야 하는 정보이기에 누구나 그 숫자를 알 수 있고, 이에 대해 우리나라는 물론 미국에서도 사회적으로 많은 비판이 있다. 회사 입장에서도 회장의 연봉은 비용에 포함되기 때문에 너무 많이 주면 회사 이익률이 낮아진다는 부작용이 있다. 이런저런 이유로 회장의 연봉을 높이는 방법에는 한계가 존재한다.

그런데 중요한 것은 연봉을 과도하게 높여 놔도 회사가 성장할수록 회장이 돈을 더 많이 잃게 되는 상황을 막을 수 없다는 사실이다. 아니, 회사가 발전하고 돈을 버는데 회장이 돈을 잃는다는 건 대체 무슨 말일까? 계산은 어렵지 않다. 잠시 치킨코리아 이야기로 돌아가 보자.

- - - - -

창업 후 잘되고 있는 치킨코리아가 매년 더욱 성장하기 위해서는 더 많은 돈이 필요하다. 새로운 점포도 개설해야 하고 소스나 식용유 등 재료를 보관하기 위한 작은 창고도 있어야 한다. 인건비도 높아지고 치열해지는 경쟁에서 우위를 점하려면 연구 개발비 지출도 늘려야 한다. 이 돈을 모두 재원과 영미가 계속 대기는 어렵다. 치킨을 팔아서 번 돈으로만 충당하려면 시간이 오래 걸린다. 신규 직원을 뽑고 새로운 점포에 보증금을 내야 하는 비용 지출은 당장 필요한데, 한 해 동안 사업을 잘해서 이익을 남긴다고 해도 그 잉여금은 내년에나 쓸 수 있기 때문이다. 이 돈을 은행에서 빌릴 수도 있지만, 회사 입장에서는 높은 이자가 부담스럽고 무엇보다 갚지 못할까 봐 불안하다.

이럴 때 회사들이 가장 흔히 쓰는 방법은 다른 사람 또는 다른 회사로부터 투자를 받는 것이다.

창업 3년 차로 접어들어 사업 확장이 필요했던 재원과 영미는 치킨코리아의 치킨을 먹어 보고 대박을 예감한 한 투자자로부터 추가로 1억 원을 투자받기로 했다. 투자는 주주가 된다는 뜻이고, 그 대가로 이자가 아닌 배당을 받겠다는 뜻이다. 회사가 돈을 못 벌면 배당을 받지 못하니, 투자자는 1억 원에 대해 회사와 운명을 같이하겠다는 의미가 된다. 기존 자본금이 1억 원이었으므로, 투자를 받은 치킨코리아의 자본금은 2억 원이 되었다. 이러면 재원과 영미, 투자자의 '지분율'이 달라진다. 세 사람이 투자한 돈은 각각 7000만 원, 3000만 원, 1억 원이니 지분율은 재원 35%, 영미 15%, 투자자 50%로 바뀌는 것일까? 그렇지 않다. 창업 후 2년이 지난 회사는 단순히 돈을 담는 주머니가 아니라 돈을 벌어들이는 조직이 되었기 때문이다. 창업 때보다 규모가 훨씬 커진 회사에 1억 원을 넣고 주식을 받는 것이기 때문에 같은 돈을 투자해도 지분율은 낮아진다. 일반적인 경우를 참고해서 치킨코리아에 1억 원을 댄 투자자가 지분을 10%만 받는다고 가정하면, 재원의 지분율은 약 63%, 영미는 약 27%로 조금 내려가게 된다.[2]

회사가 성장할수록 외부 사람들에게 투자받는 일은 더 많아지고, 받는 금액도 훨씬 높아진다. 이러한 이유로 재원과 같은 창업자들, 즉 회장의 지분율은 회사가 커질수록 계속 낮아진다. 만약 치킨코리아가 번창해서 연간 약 1000억 원의 매출을 올리기 시작했다면 중견기

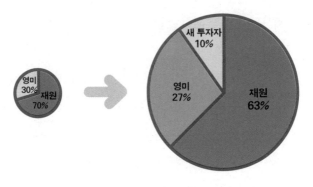

[그림 05] 왼쪽은 새로 투자받기 전, 오른쪽은 투자받은 후다.
같은 돈을 투자해도 언제 하느냐에 따라 지분율은 달라진다.

업쯤 된다고 볼 수 있다. 이때 영업 이익률이 10%라고 가정할 경우, 영업 이익이 약 100억 원이라면 치킨코리아의 가치는 대략 1000억 원쯤 된다. 만약 내년에 30% 매출을 올리고 성장을 한다면 같은 계산으로 치킨코리아의 가치는 최소 약 1300억 원 정도로 늘어난다. 한 해에 무려 300억 원의 가치가 늘어나는 것이고, 주주들은 300억 원을 버는 것이다! 이것이 바로 사업이다.

그러나 늘어난 주식의 가치는 모두 회장의 것이 아닐뿐더러 회장 혼자 300억 원을 번 것도 아니다. 사업 확장에 필요한 돈을 다른 사람들에게 투자받았기 때문에 회장의 지분율은 매우 낮아져 있다. 회장의 지분율이 30%라면 늘어난 300억 원 중 90억 원만 회장의 몫이고, 20%라면 60억 원뿐이다. 나머지 200억 원이 넘는 돈은 회장이 아닌 다른 주주들의 몫이 된다. 회장 입장에서는 이 돈이 너무나 아깝다. '내 회사'라는 생각은 거의 모든 창업자가 하는 것이고, 내 회사가 잘되어서 앞으로 사업이 크게 확장될 것을 잘 알고 있는 회장으로서는 어떻게든 지분을 늘리고 싶다. 하지만, 돈이 없다.

회장이 연봉으로 10억 원을 받는다고 생각해 보자. 사실 연 매출액이 1000억 원인 회사에서 회장이 연봉으로 10억 원을 받는다고 하면, 과도하게 챙긴다고 사람들의 눈총을 받을 것이다. 이런 부담 속에서 회장이 세금을 제외하고 자신의 연봉 전부를 회사 주식을 사는 데 쓴다고 해도, 늘릴 수 있는 회사 지분은 극히 적다. 일단 소득에 대한 세금으로 약 4억 원을 납부한 뒤 나머지 6억 원 정도로 1000억 원의 가치가 있는 회사의 주식을 시가로 산다면, 회장의 지분율은 겨우 0.6% 정도만 늘어날 뿐이다. 이렇듯 회장이 연봉을 아무리 많이 받아 봤자 계속 성장하는 회사의 지분을 크게 늘리는 것은 사실상 불가능하다.

내 회사인데, 늘어나는 성장의 열매를 조금이라도 더 누리고 싶다. 지분율이 너무 낮아지면 경영권을 지키는 것도 어려워진다. 그래서 회장에게는 마법이 필요했던 것이다.

- - - -

1996년은 마법의 해다. J.K. 롤링이 그 유명한 해리 포터 시리즈의 첫 책인 《해리 포터와 마법사의 돌》의 원고를 완성하고 열두 곳의 출판사로부터 거절당한 후 간신히 열세 번째로 만난 블룸즈버리 출판사와 출간 계약을 체결한 것이 그해 8월이었다. 《해리 포터와 마법사의 돌》은 초판으로 고작 500부를 찍었지만, 10년 후 미국에서만 1740만 부라는 판매고를 기록했고, 20년이 지나서는 전 세계적으로 1억 부가 넘는 판매고를 기록했다. 무려 20만 배가 넘게 성장한 엄청난 마법의 책, 해리 포터 시리즈가 탄생한 해가 바로 1996년이다.

해리 포터가 세상에 나온 지 두 달 정도 지난 10월 30일, 지구 반대쪽 우리나라에서도 그에 못지않은 마법 같은 사건이 일어났다. 한국의 대표적인 재벌 대기업이 입장권 1장 값으로 입장권 10장을 바꿀 수 있는 마법 쿠폰을 주주들에게 팔겠다고 했는데, 무언가에 홀린 듯 모든 주주가 그 좋은 쿠폰을 사지 않겠다고 한 것이다. 그 바람에 외부의 제3자가 마법 쿠폰을 독차지하는 일이 벌어졌다. 이후 제3자는 쿠폰을 모두 입장권으로 바꿔서 20년이 지난 후 1000배가 넘는 이익을 거두었음은 물론 이 재벌 대기업 전체의 경영권을 거머쥐게 되었다. 바로 이 마법 같은, 다시는 보기 어려운 역대급 할인 쿠폰이 발행된 해가 바로 1996년이다.

재벌(이 돈 버는 방)법의 첫 단추는 이렇게 끼워졌다. 회장에게 '비싼 것을 싸게 파는' 단순한 밀어주기로 시작되었다. 하지만 엄연히 가격표가 붙어 있는데도 그것을 싸게 판다면 곧바로 눈에 띈다. 특히 회사가 가지고 있는 비싼 것을 특정한 사람에게 싸게 팔면 그런 결정을 한 임원은 심각할 경우 은팔찌를 찰 수도 있다(업무상 배임죄). 그래서 언뜻 보기에는 가격표가 없어 보이는, 눈에 보이지 않는 '권리'를 회장에게 주거나 싸게 파는 방법을 고안해 낸 것이다.

"눈에 보이지 않는 (사실은) 비싼 것을 싸게 줘라."

이것이 재벌법의 기초 중의 기초다. 바둑으로 따지면 정석 중의 정석이고, 천자문의 '하늘천 따지'와 같은 재벌법의 첫걸음이다. 대한민국의 재벌이라면 안 써 본 사람이 없을 정도고, 이른바 준재벌의 가족들도 이미 활발하게 이용하고 있는 기초적인 방법이다. 그렇다면 눈에 보이지 않는 것으로는 무엇이 있을까?

대표적인 것으로 'IP'라고 불리는 상표권이나 저작권과 같은 지식재산권intellectual property이 있다. 그리고 종이나 전자매체에 기록해 놓긴 했지만 역시 물리적인 형태가 없는 권리인 '증권security'도 여기에 속한다. 주식이나 채권 같은 것을 말하는 것이다. 앞에서 말한 '마법 쿠폰'은 현실에서 전환사채CB, Convertible Bond라고 불리는 증권이다. 어렵지 않다. 보유자가 주식으로 전환하겠다는 전환권 행사 통지를 회사에 보내면 그 회사의 주식으로 바꿀 수 있는 마법과 같은 권리가 'CB'다. 원래 10만 원도 넘고 가장 싸게 사도 8만 5000원이나 되는 주식으로 언제든 바꿀 수 있는 전환사채를 무려 91% 폭탄 세일해서 7700원에 팔았고, 무언가에 눈이 멀어 주주들이 이것을 사지 않겠다고 한 사건. 그것이 1996년 대한민국에서 벌어진 마법이었다.

주식으로 바꿀 수 있는 권리, 전환사채나 신주인수권부사채BW, Bond with Warrant를 싸게 팔아서 회장에게 회사의 성장에 따라 크게 돈을 벌 기회를 주는 것이 기초 1단계 재벌(이 돈 버는 방)법이다. 그 밖에도 싼 이자로 돈 빌려주기, 회사 직원 파견해 주기, 회장 건물에 사무실 두기와 같은 다양한 방법이 있었지만, 아쉽게도 이 방법들은 25년이 지난 지금 '무작정 따라 하기'를 할 수 없다. 매우 단순한 방법이기도 하고 너무 오래되어서 그동안 이를 막는 법이 지뢰처럼 여기저기 생겼기 때문이다. 세금도 정확히 내야 하고, 적발될 경우 과징금이나 형사 처벌도 무겁다. 무엇보다 마법 쿠폰은 널리 알려진 방법이기에 함부로 따라 하기가 부담스럽다. 물론 곳곳의 지뢰밭을 피해 위의 고전적인 방법을 이용하는 경우가 있긴 하다. 특히 중견기업에서는 여전히 이 방법을 활용하고 있다.

아직도 살아남은 화석과 같은 사례가 한 가지 있으니, 이것은 지금도 배워 볼 만하다. 고전적인 '눈에 보이지 않는 비싼 것을 싸게 주기' 방법을 충실히 따르면서도 지뢰밭을 피해 생존해 있어 재벌 대기업들이 잘 활용하는 방법이다.

회사가 성장함에 따라 가치가 올라가는 것은 주식 말고 또 있다. 바로 '브랜드', 즉 상표다. 회사가 주로 이용하는 상표권을 해당 회사가 아닌 다른 사람이 미리 갖고 있다면, 홍보는 회사의 돈으로 하면서 브랜드 가치가 높아지는 효과는 상표권자가 고스란히 누릴 수 있다. 또 상표를 다른 사람에게 사용하도록 해 주면 그 대가로 적당한 수수료를 받을 수 있다. 같은 상표를 사용하는 회사가 많아질수록 아무런 노력 없이 받을 수 있는 상표권 사용 수수료가 늘어난다. 물론 현실에서 삼성, 현대, SK와 같은 재벌 대기업들의 '브랜드'에 대한 권리를 회장들이 가진 것은 아니다. 보통 회장의 직속 회사, 즉 회장의 지분율이 가장 높은 회사들이 갖고 있다. 그리고 다른 계열회사들이 그 브랜드를 이용하는 대가로 직속 회사에 매년 수수료를 낸다. 이건 사실 내지 않아도 문제가 된다. 유명한 브랜드를 이용해서 사업을 하면서 그 대가를 내지 않는다면 거꾸로 회장의 직속 회사가 다른 회사를 아무 대가 없이 도와주는 것이 되기 때문이다.

그렇다면 얼마를 받아야 할까? 브랜드야말로 눈에 보이지도 않고 가치를 측정할 수도 없는 무형자산이기 때문에 얼마를 받아도 웬만해서는 딴지를 놓기가 어렵다.

- - - -

이제 '숨바꼭질' 이야기를 해 보자. 이런 '직접 밀어주기' 식의 재벌(이 돈 버는 방)법은 세계 어느 나라에서도 볼 수 없는 본격적인 재벌 '법'을 탄생시켰다. 근대화가 늦었던 우리나라는 대부분의 법을 독일, 프랑스, 일본, 미국의 법에서 따왔는데, 광복 50여 년 만에 외국에서 유학해도 배울 수 없는 우리만의 독특한 법이 자생적으로 탄생한 것이다.

가장 먼저 사람들은 직접 밀어주기 사례를 보고 '불공정한 거래 아닌가?' 하는 의문을 가졌다. 회사가 회장에게 싼 이자로 돈을 빌려주거나 회사 직원을 공짜로 파견해 주는 것은 정가에 비해 싸고, 회사가 회장 건물에 사무실을 두고 비싼 임대료를 지불하는 것은 정가에 비해 비싸니 공정하지 않아 보였던 것이다. 또는 '불공평'하다고도 생각했다. 가게 주인이 어떤 물건을 여러분에게는 1000원에 팔면서 다른 사람에게는 900원에 판다면, 여러분은 아마도 가장 먼저 "불공평하다"는 말을 할 것이다. 다른 사람과 적어도 비슷하게 거래해야 한다는 생각부터 들 것이다.

그래서 '공정거래법'의 '불공정 거래 행위'를 규제하는 제23조 제1항에 새로운 조항이 하나 생겼다. 제7호가 신설된 것이다. 역시 1996년의 일이다.

제23조 (불공정거래행위의 금지) ① 사업자는 다음 각호의 1에 해당하는 행위로서 공정한 거래를 저해할 우려가 있는 행위(이하 "불공정거래행위"라 한다)를 하거나, 계열회사 또는 다른 사업자로 하여금 이를 행하도록 하여서는 아니된다.

7. 부당하게 특수관계인 또는 다른 회사에 대하여 가지급금·대여금·인력·부동산·유가증권·무체재산권등을 제공하거나 현저히 유리한 조건으로 거래하여 특수관계인 또는 다른 회사를 지원하는 행위.

간단히 '부당 지원 행위'라고도 불리는, '부당하게 … 현저히 유리한 조건으로 … 지원하는 행위'가 불공정한 거래라고 명시한 이 조항은 좀 급하게 만들다 보니 당시 논란이 되었던 재벌 대기업들의 거래 형태를 직접적으로 묘사하고 있다. 대부분의 법은 좀 추상적이고 읽어도 무슨 소리인지 모르는 경우가 많은데, 새로 생긴 이 법에 쓰인 '가지급금·대여금·인력·부동산·유가증권·무체재산권 등을 제공하거나 현저히 유리한 조건으로 거래'라는 직접적인 표현은 요즘 말로 '사

이다'였다. 이를 풀어서 읽으면, 돈을 그때그때 싼 이자로 빌려주고, 직원을 무료로 파견해 주며, 건물이나 땅을 저렴하게 쓰게 해 주고, 주식이나 채권을 싸게 팔거나 비싸게 사 주며, 눈에 보이지 않는 지식 재산권을 무료로 주거나 싸게 살 수 있게 해 주면 안 된다는 얘기다. 신설된 제7호는 당시 재벌 대기업들의 계열회사 사이에서 벌어지던 거래를 그대로 묘사하고 정면으로 금지한 것이었다.

당시 5대 재벌 그룹에 대한 대대적인 조사가 곧바로 시작됐다. 어떤 법이 처음 만들어지면 '계도 기간'이라는 것을 준다. 새로운 법이 생겼으니 충분히 공부해서 지키도록 하고, 혹시 위반이 있더라도 처벌하지 않고 다시 기회를 주거나 강하게 처벌하지 않는 기간이다. 하지만 1996년 말에 만들어진 이 '부당 지원 행위' 법은 이듬해부터 적극적으로 시행되었다. 그다음 해에는 5대 재벌 그룹이었던 현대, 삼성, 대우, LG, SK가 공정거래위원회의 철저한 조사를 받고 수백억 원의 과징금을 물게 되었다. 왜 그랬던 것일까?

그사이에 나라가 망할 뻔한 일이 생겼기 때문이다. 1997년은 우리나라가 IMF 구제금융 체제에 들어간 해다. 국가 경제가 부도날 위기를 맞게 되면서 그전까지 관행적으로 했던 일들이 잘못되었다는 반성이 있었고, 재벌을 규제해야 한다는 목소리에 힘이 실렸다. 그리고 이러한 목소리는 공정거래위원회가 철저한 조사를 시작하게 하는 원동력이 되었다. 또 수출 역군이자 자랑스러운 대한민국의 브랜드였던 재벌 대기업들에 수백억 원의 과징금 부과를 인정하는 보통 사람들의 심리적인 근거가 되었다.

- - - - -

1998년에는 세법에도 비슷한 의미의 새로운 규정이 추가됐다. 사실 이렇게 누군가를 '직접 밀어주는' 거래는 그것 자체가 불공정하다기보다 세금을 적게 내기 위해 이용되었기에 부당한 방법이었다. 멋있는 말로 하면 '소득이 있는 곳에 세금을 매긴다'는 세법의 큰 원칙에 어긋나는 문제였다.

세금 얘기는 약간 어려울 수 있으니 머리가 아플 것 같은 사람은 아래 이야기를 건너뛰어서 다음 장으로 가도 된다. 이해해 보기로 결심한 사람은 다시 치킨코리아를 소환해 보자.

앞에서 치킨코리아의 사업이 날로 번창해서 햄버거 사업에 진출하기로 하고 자회사로 버거코리아를 설립했다는 이야기를 한 적이 있다. 그런데 햄버거 사업이 생각보다 잘되지 않아서 계속 적자를 냈다. 보다 못한 치킨코리아 사장 우현은 치킨코리아 건물에 버거코리아를 입점시켜서 임대료도 깎아 주고, 치킨코리아 직원들에게 버거코리아 일도 좀 거들라고 하면서 버거코리아에 인력을 무료로 제공했다. 버거코리아가 은행에서 돈을 빌리거나 외국에서 쇠고기를 사 올 때 아무 대가 없이 보증도 서 줬다. 치킨코리아는 매년 몇억 원씩 흑자가 났지만, 그래도 버거코리아의 적자는 줄어들 줄 몰랐다.

이런 상황은 흔히 벌어지지만, 국세청 입장에서는 아주 괘씸한 일이다. 우리나라에서 회사는 이익을 내면 약 20%를 법인세로 내야 한다. 다만 이익이 나지 않는 적자 회사는 법인세를 내지 않는다. 그런데 만약 치킨코리아가 버거코리아로부터 임대료를 제대로 받고, 직원이 일해 준 대가도 정확히 받고, 보증을 섰을 때 수수료도 받았다면 치킨코리아의 수입은 훨씬 더 많았을 것이고, 이익도 더 많이 났을 것이며, 따라서 세금도 더 많이 냈을 것 아닌가! 그 대신 도움을 받은 버거코리아는 어차피 적자여서 세금을 내지 않으니, 원래 돈을 잘 버는 치킨코리아에서 걷어 들였어야 하는 세금이 버거코리아라는 맨홀로 빨려 들어가 버린 것이다.

결과적으로 1998년 세법에 새로 도입된 규정은 아래와 같다.

법인세법 제52조(부당행위계산의 부인) ①납세지 관할세무서장 또는 관할지방국세청장은 내국법인의 행위 또는 소득금액의 계산이 대통령령이 정하는 특수관계에 있는 자(이하 "특수관계자"라 한다)와의 거래로 인하여 그 법인의 소득에 대한 조세의 부담을 부당히 감소시킨 것으로 인정되는 경우에는 그 법인의 행위 또는 소득금액의 계산(이하 "부당행위계산"이라 한다)에 관계없이 그 법인의 각 사업연도의 소득금액을 계산할 수 있다.

②제1항의 규정을 적용함에 있어서는 건전한 사회통념 및 상관행과 특수관계자가 아닌 자간의 정상적인 거래에서 적용되거나 적용될 것으로 판단되는 가격(요율·이자율·임대료 및 교환비율 기타 이에 준하는 것을 포함하며, 이하 이 조에서 "시가"라 한다)을 기준으로 한다.

간단히 말하면, 특수 관계자와 정상적으로 거래하지 않아서 세금을 적게 냈다면 조사해서 더 내게 하겠다는 의미다. 여기서 '특수 관계자' 란 가족과 같이 사실상 생계를 같이한다는 뜻으로 생각하면 된다.

치킨코리아는 왜 버거코리아에 이런 도움을 주었을까? 버거코리아가 치킨코리아의 자회사이기 때문이다. 다시 말하면, 치킨코리아가 버거코리아의 주식을 많이 갖고 있기 때문이다. 어떤 회사의 주식을 갖고 있다는 것은 그 회사가 돈을 많이 벌면 배당도 많이 받고 주가도 올라서 좋지만, 그 회사가 돈을 못 벌면 배당도 못 받고 주가도 떨어져서 나쁘다는 의미다. 조금 어려운 말로 '경제적 이해관계'가 같다. 모회사, 자회사라는 은유적인 표현이 더 이해하기 쉬울 것이다. 부모는 왜 자식을 물심양면으로 도와줄까? 자식이 잘되면 부모도 좋기 때문이다. 그러니 부모는 자식을 도와준다. 회사는 경제적인 조직이기 때문에 자회사가 잘되면 모회사에도 이익이 되므로, 모회사는 자회사에 도움을 준다. 그런 '특수 관계'에 있기 때문에 도와준 것이라면, 국세청은 그 거래를 인정하지 않겠다는 것이 1998년에 도입된 이 규정이었다. 모회사와 자회사 간에 이루어진 거래를 두고 이 거래가 시중 가격으로 이루어졌을 경우 한쪽이 이익을 더 얻었으리라 판단되면, 그만큼 세금을 '더' 매기겠다는 뜻이다.

외국에도 비슷한 개념이 있다. "arm's length principle"이라는 말이다. 영어로 '팔 길이arm's length'란 표현은 적당한 거리를 둔다는 의미로, 우리말로 하면 딱 '남'이라는 뜻이다. 즉 "남이랑 거래해도 그렇게 했겠느냐?"라고 묻는 것이다. 이것도 주로 세금 문제에서 나오는 원칙인데, 각각 다른 나라에 있는 계열회사끼리 거래를 하면서 돈을 잘 버는 회사가 못 버는 회사를 밀어줄 때 흔히 쓰는 말이다. 돈 잘 버는 회사가 위치한 나라는 세금을 적게 걷을 수밖에 없으니 이를 문제 삼는 것이다. 이런 국제적인 세금 탈루를 정식 용어로는 '이전 가격transfer pricing 조작'이라고 하고, 관련 법리가 복잡하고 방대하기 때문에 주요 로펌의 중요한 일거리가 된다.

이렇게 1990년대까지 유행했던 재벌(이 돈 버는 방)법은 1996년과 1998년에 새로 생긴 각 재벌법에 쫓기는 신세가 되었다. 이때 생긴 재벌법 두 개를 보면 같은 말이 들어 있다. 바로 '부당'이라는 단어다. 공정거래법에 들어온 것은 '부당 지원 행위'고 법인세법에 신설된 것은 '부당 행위 계산 부인'이다. 부당, 영어로는 unfair. 남과 다른 유리한 조건으로 회장과 거래하는 것은 어쨌든 불공평하다는, 그런 '직접 밀어주기' 식의 거래는 부당하다는 당시의 판단이 고스란히 들어 있다. 그래서 이 책에서는 처음 생긴 이 재벌법들을 간단히 '부당거래법'이라 부를 것이다.

하지만 거래 조건이 남과 달라 불공평하거나 부당한 것이 본질적인 문제였을까? 과연 이때 첫 단추를 제대로 끼운 것일까? 이른바 '부당거래법'이 만들어진 후, 재벌(이 돈 버는 방)법은 마치 〈포켓몬스터〉의 피카추처럼 한 단계 진화하게 된다.

08

기초 2단계:
회장님 회사에 몰아주기

'일감 몰아주기', '회사 기회 유용'. 모두 본질을 잘 표현하지 못하는 이름들이다. 마치 '회계 사기'를 '분식회계' 같이 점잖은 용어로 부르는 것처럼. 그래서 여기서는 이 방법을 '회장님 회사에 (매출) 몰아주기'라고 정확히 쓸 것이다. 기초 2단계는 흔히 일감 몰아주기라 불리는, 부당거래법이 한 단계 진화한 재벌(이 돈 버는 방)법에 관한 이야기다.

1996년에 벌어진 마법 쿠폰 사건은 설계자가 미처 예상하지 못했을 정도로 커다란 반향을 일으켰다. 20세기의 마지막 해인 2000년에는 회장님이 고발되기까지 했다. 게다가 '부당거래법'이라는 커다란 장벽 두 개가 재벌(이 돈 버는 방)법의 앞을 막아서자, 뉴 밀레니엄에는 자연스럽게 이 장벽을 피해 가는 방법이 연구되기 시작했다. 이번에도 그리 어렵고 복잡한 방법은 아니었다. '부당한' 거래를 금지하는 법이 생기자, '부당하지 않은' 거래를 통해 밀어주면 된다고 생각한 것이다. 회장님 회사와 거래할 때 너무 싸게 팔거나 너무 비싸게 사 주면 부당하고 불법이라고 하니, 너무 싸지 않게 팔고 너무 비싸게 사지 않는 거래를 시작했다. 법률 용어로 '현저히 유리한' 조건으로 거래하지 말라고 했으므로 '현저히 유리하지는 않은' 조건을 정한 것이다. 그 대신 '많이' 거래하는 쪽을 택했다. 놀랍게도 이건 명확히 합법이었다. 법치주의란 그런 것이다. 무언가를 금지하는 법, 누군가를 처벌하는 법은 미리 쓰여 있어야 하고, 그런 법이 만들어지기 전에 한 행동은 금지하거나 처벌할 수 없다.

'회장님 회사에 (매출) 몰아주기'를 하는 방법은 매우 간단하므로 누구나 쉽게 할 수 있다. 여러분이 운영하고 있는 회사에서 꼭 필요한 일을 떼어 내어 새로운 회사를 차리고, 여러분의 회사는 예전과 똑같이 일하면 된다. 단, 중요한 포인트가 있다. 이때 새로운 회사의 주주는 '회사'가 아닌 '여러분'이 되어야 한다.

무슨 의미인지 아리송할 때는 치킨코리아를 다시 불러와 보자. 예를 들어 치킨코리아의 설거지와 청소를 담당하는 치킨코리아운영㈜를 설립하고, 치킨코리아가 설거지와 청소 용역비로 매월 치킨코리아운영㈜에 얼마간의 금액을 지급하는 계약을 했다고 가정해 보는 것이다. 기존 담당 직원들에게 지급하던 급여를 치킨코리아운영㈜에 용역비로 지출하게 되었을 뿐, 치킨코리아의 관점에서 달라진 것은 거의 없다. 치킨코리아에서 설거지와 청소를 담당하던 직원을 그대

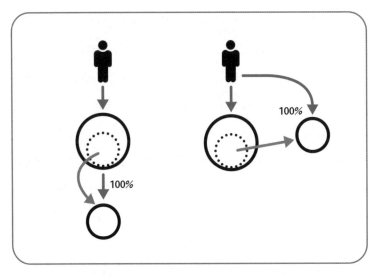

[그림 06] 사업을 떼어 내어 회사를 만드는 방법에는 두 가지가 있다.
왼쪽은 모회사의 100% 자회사인 경우, 오른쪽은 대주주의 회사인 경우다.

로 치킨코리아운영㈜로 이직시켰기 때문이다.

치킨코리아는 이제 치킨코리아운영㈜로부터 설거지와 청소 서비스를 받고 수수료를 지급하게 될 것이다. 그리고 치킨코리아운영㈜는 치킨코리아와 버거코리아, 그리고 외부 회사에도 설거지와 청소 서비스를 제공하면서 돈을 벌 수 있다. 치킨코리아와 같이 크고 확실한 모회사를 고객으로 두고 있으니 매출을 올리고 이익을 내기가 훨씬 쉬울 것이다. 그러면 치킨코리아운영㈜가 번 돈은 어디로 갈까? 여기서 중요한 것은 치킨코리아운영㈜의 주주가 누구냐다.

치킨코리아운영㈜의 주주가 치킨코리아인 경우와 재원인 경우, 다시 말하면 치킨코리아운영㈜가 치킨코리아의 100% 자회사냐 재원의

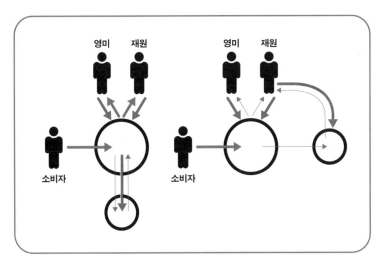

[그림 07] 왼쪽은 100% 자회사인 경우, 오른쪽은 재원의 회사인 경우다.
빨간색은 지분 관계, 회색은 돈의 흐름을 말한다.

회사냐에 따라 돈의 흐름에 커다란 차이가 생긴다. 위의 그림으로 두 가지가 어떻게 다른지 살펴보자.

치킨코리아운영㈜가 치킨코리아의 100% 자회사라면, 치킨코리아운영㈜의 이익은 모두 치킨코리아의 것이나 다름없다. 배당을 하면 모회사인 치킨코리아가 모두 가져가고, 배당을 하지 않더라도 100% 모회사인 치킨코리아가 마음대로 운영할 수 있기 때문이다. 그리고 해당 이익은 주주들에게 골고루 분배된다. 그런데 치킨코리아운영㈜의 100% 주주가 재원이라면 이야기가 달라진다. 치킨코리아운영㈜가 치킨코리아에 설거지와 청소 서비스를 제공하고 받은 돈은 재원의 것이 된다. 배당을 하더라도 재원에게 모두 지급될 것이고, 배당을 하지 않더라도 재원이 원하는 대로 사용할 수 있다. 중요한 것은 치킨코리아운영㈜의 매출액이 커지고 회사가 성장함으로써 높아지는 기업 가치를 모두 재원이 누리게 된다는 점이다. 이런 방법을 속된 말로 '빨대 꽂기'라고 한다. 휴양지에서 열대 과일에 빨대를 꽂아 주스를 마시듯 치킨코리아가 번 돈과 미래 가치가 치킨코리아운영㈜에 꽂힌 주식이라는 빨대를 타고 재원에게 흘러 들어간다. 만약 치킨코리아가 스스로 설거지와 청소를 했거나 적어도 치킨코리아운영㈜가 치킨코리아의 100% 자회사였다면, 재원에게 들어가는 돈의 일부는 영미에게 배분됐을 것이다.

- - - - -

1999년에서 2000년, 즉 99년에서 00년으로 넘어가면 연도를 제대로 인식하지 못해 전 세계의 컴퓨터가 멈추고 대혼란이 올 것이라는 걱정과 달리, Y2K의 첫해이자 20세기의 마지막 해인 2000년 대한민국은 비교적 평온했다. 그해 8월 15일에는 남북 이산가족 상봉이 있었고, 12월에는 대통령이 IMF 구제금융 체제를 졸업했다고 선언하기도 했다. 바로 다음 해 미국 뉴욕 한복판을 강타한 9·11 테러가 발생하기 전, 마치 폭풍 전야와 같은 편안함이 사람들을 안심시키고 있었다.

21세기가 시작되고 얼마 지나지 않은 2001년 2월 22일, 우리나라의 대표적인 재벌 대기업 그룹에 계열회사 하나가 조용히 추가되었다. 이 회사를 설립할 때 회장과 가족은 자본금 50억 원을 내고 100% 주주가 되었다. 그리고 이 회사는 설립된 첫해에 거의 2000억 원의 매출을 올렸다. 2000만 원이 아니라 2000억 원이다. 이듬해인 2002년에는 3700억 원을, 5년 차인 2005년에는 무려 1조 5000억 원을 벌어들였다. 역대급 성장을 거듭하던 이 회사는 설립된 지 5년도 채 되지 않아 한국거래소 유가증권시장에 당당히 상장되는 영광을 누린다. 어떻게 이런 마법과 같은 일이 또 일어났던 걸까?

이 회사는 새로운 재벌법을 교과서처럼 이용했다. 이 마법의 회사는 같은 그룹 내 계열회사들이 꼭 필요로 하는 일을 하는 곳이었다. 어떤 사업이었을까? 이 재벌 대기업 그룹은 자동차를 한 해에 500만 대도 넘게 만들어 파는 세계 10위권의 자동차 메이커다. 자동차는 여러 공장에서 생산된 2만 개가 넘는 부품을 조립해 완성하고, 이 완성차는 국내 판매는 물론 전 세계로 수출된다. 수많은 기계 부품과 그 부품이 조립된 모듈, 또 그 모듈을 조립해서 완성한 차를 소비자에게 전달하기까지 공장에서 공장으로, 창고에서 창고로, 공장과 창고에서 소비자에게로 어마어마한 기계들을 운송하려면 거대한 물류 체인이 필요하다. 이런 막대한 운송과 물류 업무가 모두 새로 설립된 이 회사, '회장님 회사'로 집중되었던 것이다. 첫해 매출 2000억 원이라는 눈이 휘둥그레지는 실적은 대부분 계열회사와 운송 계약을 체결해 얻은 수익이었다.

'몰아주기'. 요즘 사람들은 '얼굴 몰아주기'란 말이 더 익숙하겠지만, 21세기 마법의 회사는 '일감 몰아주기'라는 말을 만들어 냈다. 물론 이런 몰아주기는 1996년 마법 쿠폰 사건에서도 있었다. 입장료 1장 값으로 입장권 10장을 바꿀 수 있는 너무나도 좋은 쿠폰을 아무도 사지 않겠다는 엉뚱한 행동을 하는 바람에 한 사람이 쿠폰을 모두 차지하고 센터에 설 수 있었던⋯. 하지만 21세기의 몰아주기는 이렇게 노골적으로 자신을 희생해서 센터를 돋보이게 한 것은 아니었다. '일감 몰아주기'는 새로 등장한 부당거래법의 공격을 피하기 위해 신선한 논리를 가지고 돌아왔다.

'이왕이면 다홍치마.'

어차피 같은 값이라면 회장님 회사와 거래하겠다는데 무엇이 문제냐는 것이었다. 20세기의 재벌법은 '너무' 싸게 팔거나 '너무' 비싸게 사 주는 것을 불법이라고 규정했기 때문에, '같은 값으로 사고판다면' 그 양이 많아도 어쩔 도리가 없었다. 허를 찔린 것이다. 이때부터 일종의 박리다매식 재벌(이 돈 버는 방)법이 시작됐다. 회장님의 회사는 이제 다른 회사들보다 더 싸게 사 와서 더 비싸게 파는 방법으로 한 번의 거래에서 높은 이익을 남기지 않았다. 그 대신 누가 뭐라고 할 수 없을 만큼 적당히 이익을 남기면서 덩치를 키우고, 이를 통해 전체 규모와 이익의 양을 늘렸다. 이런 방식의 거래는 괜찮다는 소문이 나자 이 방법은 유행처럼 빠르게 번져 나가기 시작했다.

수많은 회장님 회사가 생겨났다. 회사에 꼭 필요한 사업부들이 별도 회사로 분리되었다. 21세기 들어 모든 회사가 컴퓨터와 인터넷으로 일하게 되면서 반드시 두어야 했던 전산실, 이 IT 기능이 가장 분리하기 쉬웠다. 웬만한 재벌 대기업 그룹 내에 곧 전산 시스템 지원 회사가 하나씩 생겼다. 흔히들 SI_{System Integration}라고 부르는 곳이었다. 전산 시스템을 설치하고 운영과 유지를 담당하는 회사였기 때문에 분리되기 전 원래 사업부가 있었던 회사에서 대부분 그대로 근무했다. 그리고 치킨코리아운영㈜의 설거지와 청소의 예처럼, 기존 회사에 서비스를 제공하고 수수료를 받았다. 하지만 티가 날 정도로 '너무' 비싼 수수료는 아니었다. 다른 회사와 비슷한 수준으로 받거나 공식적으로 인정된 가격을 받았다.

이 방법 또한 '눈에 보이지 않는 것을 이용하라'는 고전적인 재벌법을 충실히 따랐다. 서버와 통신 장비와 같이 눈에 보이는 '장비'는 가격이 얼마인지 유추하기 쉬웠지만, 그 안에 넣는 '소프트웨어'와 이것을 유지 보수하는 '서비스'의 가격은 누구도 정확히 알기 어려웠다. 관행적으로 정해진 가격이 있긴 했지만, 소프트웨어의 종류와 프로그래밍의 난이도에 따라 천차만별이었다.

그다음 차례는 A4 용지와 볼펜이었다. 소위 MRO_{Maintenance Repair and Operation}라고 하는, 모든 회사에서 총무팀이 담당하는 일상적인 사무용품 구매 업무가 밖으로 떨어져 나갔다. 역시 '너무' 비싸게 팔지 않았다. 이렇게 그룹 내의 모든 회사로부터 전산 시스템의 설치, 유지, 보수의 대가와 사무용품 구매의 대가로 들어온 돈이 회장님 회사로 흘러 들어갔다.

법은 주먹보다 느리다. 그것도 표도르의 주먹이라면…. 새로운 마법의 회사들이 부당거래법을 피해 무럭무럭 자라고 있다는 사실을 알게 된 정부는 당황했다. 법을 개정하려면 몇 년이 걸릴지 모르는 일이었다. 부랴부랴 '비슷한 값이어도 너무 많이 거래하는 것은 부당한 것'이라는 새로운 논리를 개발했다. 기존 법에는 '현저히 유리한 조건'일 때 부당하다고 표현되어 있었는데, 이는 좀 애매한 기준이었다.

너무 비싸게 혹은 너무 싸게 거래하는 것이 '현저히 유리한 조건'이라면, 많이 거래하는 것은 어느 한쪽에게 '현저히 유리한' 것일까, 아닐까? 법을 만들 당시에는 너무 싸게 팔거나 너무 비싸게 사 주는 '가격' 조건만 염두에 두느라 그런 용어를 사용했던 것이다.

정부는 어쨌든 밀어붙였다. 얼굴 몰아주기가 아니라 그냥 몰아주기도 부당하다! 한 명을 센터에 놓고, 그 주위를 둘러싼 사람들이 얼굴을 찌그러뜨리는 것만 센터를 유리하게 해 주는 게 아니다! 표정을 똑같이 하더라도 센터에 놓는 것 자체가 유리한 것 아닌가? 이런 논리로 공정거래위원회는 회장님 회사에 과징금 수백억 원을 내라고 밀어붙였다. 회장님 회사는 그 과징금을 취소해 달라고 소송을 했지만, 고등법원도 정부의 손을 들어 주어 모두가 대법원의 판결만 기다리고 있던 때였다.

이렇게 5년 만에 2조 원 이상의 가치로 평가받는 '잭팟'을 터뜨린 회장님 회사를 보면서 화가 난 사람들이 있었다. 누구였을까? 치킨코리아 이야기에서라면 재원, 우현과 영미 중 누가 이 사태에 분통을 터뜨렸을까? 재원이 '치킨코리아운영㈜'라는 새로운 회사를 세워서 치킨코리아의 설거지와 청소를 해 주고 수수료를 받기로 했다면, 가장 화가 많이 나는 사람은 누구일까? 여러분도 각 인물에 빙의해서 생각해 보자. 치킨코리아 사장이자 직접 그런 결정을 한 우현의 입장에서 설거지와 청소는 치킨코리아가 영업을 하려면 어차피 해야 하는 것이고, 직원 월급으로 지출되든 다른 회사에 수수료로 보내든 들어가는 비용은 똑같다. 그러므로 일만 정확히 해 준다면 별 상관이 없다.

영미의 입장은 어떨까? 회사를 위해서라면 우현과 비슷한 생각을 하겠지만, 치킨코리아 사업에서 받는 배당금과 치킨코리아운영㈜에서 받을 수 있는 돈을 모두 합하면 불공평하게 재원이 자기보다 더 많은 돈을 가져가는 것으로 보인다. 애매한데 불쾌할 수 있다.

현실에서도 그랬다. 회장님 회사에 물류와 운송을 맡긴 자동차 회사의 주주들, 마치 치킨코리아의 영미와 같은 사람들이 문제를 제기했다. 물류와 운송은 자동차 회사에 꼭 필요한 사업인데 회사가 직접 하거나 자회사를 설립해서 하지 않고, 왜 회장님 회사와 거래를 하느냐고 자동차 회사의 주주들이 따졌다. 아무리 같은 값으로 거래하더라도 돈이 자동차 회사로 들어오지 않고 회장님에게 흘러 들어가는 것은 불공평하며, 무엇보다 '자동차 회사의 경영진이 회사를 배신한 것'이라고 항의했다. 경영진이 회사를 배신하는 것을 법률 용어로

'배임'이라 한다. 배임을 하면 회사에 손해를 갚아야 한다. 자동차 회사의 주주들은 자동차 회사가 밀어준 덕분에 회장님 회사가 벌어들인 1조 원을 회장이 갚아 내야 한다는 소송을 시작했다. 그 돈은 원래 회장이 아니라 자동차 회사의 것이어야 한다고 주장하면서 말이다.

3년 동안의 길고 긴 소송 후, 2011년 회장이 자동차 회사에 배상해야 하는 손해액은 고작 800억 원 정도라는 판결[3]이 나왔다. 그것도 '같은 값이어도 너무 많이 거래하면 부당한 것이고 경영진이 회사를 배신한 것'이라는 주장이 인정되어 나온 손해액은 아니었다. 워낙 많은 거래를 하다 보니 그중 '현저히 유리한' 조건으로 한 거래가 일부분 있었다고 봤을 뿐이다. 즉 이 재판에서는 '가격이 현저히 유리한 경우에는 부당하다'는 예전의 부당거래법, 그러니까 '너무 싸게 팔거나 비싸게 사 주면 부당하다'는 법에 저촉된 거래가 있었다고만 본 것이다. 그리고 다음 해, 자동차 회사는 정부가 부과한 과징금을 취소해 달라는 소송(고등법원에서 대부분 패소했다)을 슬그머니 취하한다.[4] 대법원 판결은 나오지도 못했다.

'일감 몰아주기'라는 새로운 재벌(이 돈 버는 방)법이 불법의 딱지를 떼고 '절세 전략'의 하나로 탄생하는 순간이었다.

- - - -

이제 새로운 '몰아주기' 재벌법을 정리해서 배워 보자. 어렵지 않다. 다음 3단계 방법을 무작정 따라 하면 된다.

1단계: 떼어 낼 업무 찾기

현재 여러분이 운영하고 있는 회사에는 사업상 꼭 필요하지만 핵심적인 경영 전략이나 영업이 아닌, 지원 영역의 업무가 있을 것이다. 여러 회사를 운영하고 있다면 모든 회사에 공통적으로 필요한 업무일수록 좋다. 예를 들어 전산 시스템, 인테리어, 광고, 복사 용지나 필기구와 같은 소모품 구매, 택배나 운송, 아니면 요즘 유행하는 클라우드 시스템도 좋다. 이렇게 떼어 낼 수 있는 업무가 있는지 찾아본다.

2단계: 내가 주주가 되어 새로 회사 설립하기

다음은 떼어 낸 업무를 운영할 회사를 새로 설립하는 것이다. 다시 한 번 강조하면, 이때 회사는 여러분의 개인 회사여야 한다. 기존의 회사가 주식을 갖게 되는 자회사로 설립해서는 안 된다. 업무를 떼어 내는 법적인 방법으로 회사 분할이나 영업 양도가 있지만, 그 대가로 너무 많은 세금을 내야 할 수 있으니 그냥 자본금만 있는 회사를 설립한 뒤 기존 회사에서 임직원을 옮겨 오는 게 더 쉽고 이익도 크다. 자본금이 많을 필요는 없다. 초기 자본금이란 사업 초반에 비용이 많이 나가고 매출이 나지 않는 이른바 죽음의 계곡death valley을 버티기 위한 종잣돈이다. 여러분 회사는 처음부터 밀어줄 고객이 있는 회사이니 자본금이 많을 필요가 없다.

3단계: 기존 회사와 정상적인 가격으로 거래하기

이제 새로 설립한 회사에서 떼어 낸 업무를 하며 기존 회사와 그대로 거래하면 된다. 여기서 핵심은 '너무 비싸거나 너무 싼 가격'으로 거래하면 안 된다는 것이다. 그러면 20세기 재벌법인 부당거래법을 위반하게 된다. 여기저기 시장 조사를 해 보고, 현실에서 있을 법한 정상적인 가격 중 하나로 맞추는 것이 중요하다. 생수 가격도 편의점마다 다를 수 있으니 가격을 꼭 정확히 맞추려고 노력할 필요는 없다. 약간 차이가 있어도 법원에서 이길 수 있다.

부당거래법은 20세기 재벌(이 돈 버는 방)법을 막기 위해서 생긴 것이었다. 그런데 21세기라고 이런 숨바꼭질이 없었을까? 물론 있었다. 이런 새로운 재벌(이 돈 버는 방)법을 막기 위한 새로운 재벌(을 규제하는) 법이 곧 생겨났다.

우선 2010년에는 '너무 싸거나 비싸게 거래하는 것'에 이어 '너무 많이' 거래하는 것도 부당하다는 내용이 부당거래법에 새로 추가됐다. 그리고 회장이 자동차 회사에 1조 원이 아니라 800억 원만 배상하면 된다는 판결이 나온 2011년에는 상법에 '회사 기회 유용'을 금지하는 제397조의2가 신설되어서 2012년에 시행되었다.

상법 제397조의2(회사의 기회 및 자산의 유용 금지) ① 이사는 이사회의 승인 없이 현재 또는 장래에 회사의 이익이 될 수 있는 다음 각 호의 어느 하나에 해당하는 회사의 사업 기회를 자기 또는 제3자의 이익을 위하여 이용하여서는 아니 된다. 이 경우 이사회의 승인은 이사 3분의 2 이상의 수로써 하여야 한다.

1. 직무를 수행하는 과정에서 알게 되거나 회사의 정보를 이용한 사업 기회.

2. 회사가 수행하고 있거나 수행할 사업과 밀접한 관계가 있는 사업 기회.

② 제1항을 위반하여 회사에 손해를 발생시킨 이사 및 승인한 이사는 연대하여 손해를 배상할 책임이 있으며 이로 인하여 이사 또는 제3자가 얻은 이익은 손해로 추정한다.

같은 해 회장과 가족이 상당한 지분을 가진 회사와 거래를 많이 한 결과로 그 회사에 이익이 날 경우, 그 이익을 회장과 가족에게 '증여'한 것으로 보는 세법 조항도 신설되어 시행되었다.

상속세 및 증여세법 제45조의3(특수관계법인과의 거래를 통한 이익의 증여 의제)

① 법인이 제1호에 해당하는 경우에는 그 법인(이하 이 조 및 제68조에서 "수혜법인"이라 한다)의 지배주주와 그 지배주주의 친족[수혜법인의 발행주식총수 또는 출자총액에 대하여 직접 또는 간접으로 보유하는 주식보유비율(이하 이 조에서 "주식보유비율"이라 한다)이 대통령령으로 정하는 보유비율(이하 이 조에서 "한계보유비율"이라 한다)을 초과하는 주주에 한정한다. 이하 이 조에서 같다]이 제2호의 이익(이하 이 조 및 제55조에서 "증여의제이익"이라 한다)을 각각

이런 법률 조항에 대한 궁금증은 뒤에서 해결할 예정이다. 복잡한 이야기는 한꺼번에 모아서 하려고 한다. 그런데 이쯤에서 궁금해지는 게 하나 있다. 과연 새로운 법들은 재벌(이 돈 버는 방)법을 완벽히 틀어막는 데 성공했을까? 또 다른 방법이 고안되지는 않았을까? 궁금하다면 다음 문을 열고 세 번째 방으로 들어갈 차례다.

기초 3단계:
회장님 회사 끼워 넣기

세 번째 방에 들어서자 통행세를 받는 커다란 도깨비가 앉아 있었다. 도깨비는 이렇게 물었다.

"대기업과 거래를 하고 싶으냐?"

그렇다고 대답했더니 도깨비는 우선 거래할 물건을 직접 검사해 보겠다고 했다. 수준 높은 대기업의 품질 기준을 맞추려면 복잡한 절차를 거쳐야 하는데 자신이 검사해서 괜찮으면 바로 거래할 수 있다면서 말이다. 대기업이 자신의 이름을 신뢰하기 때문에 오래 걸리는 절차를 밟을 필요가 없으므로, 자신은 일종의 패스트 트랙fast track이라 했다.

급행은 좋지만 비쌀 수도 있기 때문에 조심스럽게 가격을 물어보았다. 생각보다 비싸지는 않았다. 대기업과 거래하고 얻은 매출액의

5%만 자신에게 주면 된다고 했다. 도깨비와 계약하자 대기업과 손쉽게 거래를 시작할 수 있었다. 5%는 아깝지 않았다. 게다가 처음에는 여러분에게서 물건을 받아 검사한 뒤 도깨비가 대기업에 가져다주었지만, 다음부터는 여러분이 직접 대기업에 갖다주면 된다고 했다. 단, 도깨비 마크를 붙여야 한다는 조건을 걸었다. 여러분은 이제 물건을 만들 때 아예 도깨비 마크를 넣기 시작했다. 그리고 도깨비가 앉아 있던 방을 지나서 물건을 대기업에 가져다주었지만, 대부분의 경우 도깨비는 그 방에 없었다. 여러분은 점점 5%가 아깝다는 생각이 들었다. 도깨비가 없는 다른 길이 있지 않을까 하는 생각이 떠오를 때도 있었다.

- - - -

장사는 첫째도 목, 둘째도 목, 셋째도 목이라는 말이 있다. 목은 신체의 일부분처럼 좁아지는 곳이어서 다들 만날 수밖에 없는 장소다. 전근대 시대의 목은 도성으로 들어가는 성문 앞이었다. 사람들이 도시로 들어가고 나오려면 모두 그곳을 지날 수밖에 없으니 성문 앞에서 만났고, 거래를 했고, 시장이 생겼다. 남대문 시장, 동대문 시장이 그 흔적이다. 현대의 목은 역이다. 기차역, 지하철역 그리고 작게는 버스 정류장까지 대중교통을 타는 사람들이 오갈 수밖에 없는 곳. 이런 역 주변에 사람들이 모였고, 땅값이 올랐고, 집값이 올랐다. 이른바 역세권이다. 인터넷과 모바일 시대에도 여전히 장사는 목이고, 목이 곧 돈이다. 조금 다르다면 돈으로 목을 새로 만들 수 있게 되었다는 점이다. 요즘에는 웹사이트와 애플리케이션을 만들어서 광고를 돌린다. 검색 사이트는 새로운 성문portal이 되었고, 스마트폰에 깔린 애플리케이션은 손가락을 타고 사람들을 나의 가게로 오도록 하는, 작지만 큰 문이 되었다.

목 장사의 원칙은 재벌(이 돈 버는 방)법에도 응용되었다. 회장님 회사를 목으로 이용한 것이다. 가장 최근에 사람들에게 알려진 사건은 '치즈 통행세'라고 불리는 한 피자 프랜차이즈 회사의 거래다(이 판결은 마지막 부록에서 자세히 뜯어볼 것이다). 재벌이라고 부르기에는 좀 작은 중견 프랜차이즈 회사의 사례로 이 방법이 유명세를 치르긴 했지만, 사실 이는 재벌 대기업들이 오래전부터 흔히 쓰던 방법이었다. 구전 소설처럼 입소문을 타고 중견기업까지 전수된 것뿐이다.

'통행세 거래'는 앞에서 보았던 몰아주기와 기본적으로 비슷하다. 회사에 꼭 필요한 물건이나 서비스를 공급받을 때, 회장님 회사를 세워서 원래 공급하던 회사와 공급받는 회사 사이에 끼워 넣는 것이다. '치즈 회사 → 피자 회사' 2단계로 이루어지던 거래를 회장님이 치즈 유통회사를 하나 세워서 '치즈 회사 → 회장님 회사 → 피자 회사' 3단계로 바꾸면 된다. 그러면 회장님 회사는 기존 치즈 회사가 피자 회사와 거래하면서 남겼던 이익 중 일부를 가져가게 된다. 원래 치즈 회사의 공급 원가가 800원이고 피자 회사에 공급하는 가격이 1000원이었다면, 회장님 회사가 중간에 낀 뒤에는 치즈 회사가 800원에 만든 치즈를 회장님 회사에는 900원에 공급하고, 회장님 회사는 900원에 산 치즈를 피자 회사에는 1000원에 공급하는 구조가 된다. 피자 회사가 공급받는 치즈의 가격은 같지만, 치즈 회사는 기존 200원에서 100원으로 거래 이익이 줄어든다. 줄어든 100원을 중간에 끼어든 회장님 회사가 가져가기에 이를 '통행세' 거래라고 부른다.

그런데 이상하다. 치즈 회사는 이익이 절반으로 줄어들었는데 왜 이런 거래를 계속하는 것일까? 피자 회사 사장님 연락처도 아는데 직접 거래하면 되지 않을까? 이유가 있다. 피자 회사가 회장님 회사하고만 거래하겠다고 말했기 때문이다. 피자의 맛은 치즈 아닌가? 프랜차이즈 피자 회사는 피자의 맛을 좌우하는 치즈를 어떤 회사에서 공급받을지 결정할 권한이 있다. 한 번의 선택으로 피자 회사 브랜드의 가맹점, 즉 수백 개의 피자 가게에 대한 공급이 결정된다. 치즈 회사는 울며 겨자 먹기로 피자 회사가 아닌 회장님 회사에 치즈를 납품할 수밖에 없다.

한편으로는 이것이 무슨 문제가 되느냐고 할 수 있다. 사실은 어려운 문제다. 통행세다 뭐다 하지만, 유통이란 원래 그런 것이 아닌가? 농부와 배추를 직거래하는 소비자가 얼마나 될까? 생산지에서 집하장을 거쳐 도매 시장으로, 그리고 마트나 슈퍼마켓으로 유통되어 결국 소비자의 밥상에 오르는 것이 시장경제의 기본이고 세상의 이치다. 그러니 치즈 유통회사가 좋은 치즈를 고르고 품질을 관리해서 피자 회사에 공급하는 것이 왜 잘못인지 의문이 드는 것도 당연하다. 유통은 상품과 생산을 잘 알아야 하는 고도의 정보 산업이고, 물류와 창고를 제대로 운영해야 하는 높은 수준의 서비스업이다. 그런 회사가 중간에 이윤을 받아 가는 것에 대해 누가 뭐라고 할 수 있겠는가?

그렇다면 답은 한 가지다. 회장님의 치즈 유통회사가 그런 역할을 하지 않는다면, 즉 좋은 치즈를 고르고 품질을 관리해서 납품하지 않는다면 문제가 있다. 또 치즈 회사가 자유롭게 자신의 치즈를 피자 회사에 직접 공급하는 것을 막는 것도 문제다. 만약 세 번째 방에 있던 도깨비가 검사도 열심히 하고 자리도 비우지 않으면서 잘 지키고 좋은 정보도 주면서 문지기 역할을 잘했다면, 5% 통행세를 낼 만한 가치가 충분히 있다. 그리고 여러분은 도깨비가 없는 다른 길로 가서 직거래하고 싶다는 생각을 하지 않을 것이다. 그런데 이미 품질이 보장된 데다 오랫동안 직접 거래해서 중간 단계 역할조차 필요 없는 거래에 숟가락 하나 얹어서 수수료를 받아 가는 회사가 있다면, 누구나 눈엣가시로 생각하지 않을까.

치킨코리아에서도 이런 일이 일어난 바 있다. 기억해 보자. 치킨 사업을 잘 아는 우현은 다른 사람에게 말은 하지 못했지만 알고 있었다. 좋은기름㈜라는 이름으로 치킨코리아에 식용유를 공급하기 시작한 재원의 부인은 사실 식용유에 대해서 하나도 모른다는 것, 그 뒤에는 원래 치킨코리아에 식용유를 공급하던 업체가 그대로 식용유를 납품하고 있다는 것, 그리고 좋은기름㈜ 사무실에는 딱 한 명뿐인 직원이 매출 관리만 하고 있다는 것을 잘 알고 있었다. 이건 우현의 마음속에 있는 짐이었다.

어떤 길이나 문을 지나는 사람들에게 받는 정당한 '통행료'가 아니라 냉소적이고 비뚤어진 의미가 되어 버린 '통행세' 거래의 역사는 짧지 않다. 매출을 기준으로 사회적인 평가나 정부 지원이 이루어지던 예전 관치 경제하에서 실체가 없는 회사에 매출을 만들어 주기 위해 중간에 끼워 넣던 것이 원조인 것으로 추정된다. 떡집 A가 소비자 B에게 1억 원어치의 떡을 팔았다면, 즉 A→B로 1억 원의 거래가 이루어졌다면 A의 매출액은 1억 원이 된다. 그러나 이 사이에 떡 유통상인 C가 끼어들어 A→C→B로 거래가 이어졌다면 C의 매출액은 1억 원이 되고, A는 C의 이익을 뺀 나머지 매출액을 장부에 기록하게 된다. 하지만 C가 끼어들든 안 끼어들든 1억 원어치의 떡이 생산되어서 소비자에게 전달됐다는 경제 현상은 다를 바 없다.

2000년대 IT 산업에서도 비슷한 일이 일어났다. 여기서는 2010년에 있었던 한 언론사의 대담 내용을 인용하는 것이 더 생생할 것 같다.

"우리나라에서 소프트웨어 산업이 낙후된 이유는 세 가지입니다. 첫째, 일반 국민의 지식 재산권에 대한 인식 문제입니다. 가치 평가를 안 해주는 겁니다. 둘째, 대기업과 중소기업 간의 거래 관행 문제입니다. 갑과 을 사이에서 일은 벤처기업이 많이 하는데 대부분의 이익은 대기업이 가져가거든요. 게이트키퍼(문지기) 노릇만 하면서 통행세를 가져가는 겁니다. 그러다 보니 경쟁력이 있는데도 죽어 버립니다. 셋째, 정부 담당자가 대기업과 중소기업의 거래 관행을 악용하는 겁니다. 정부가 직접 나서면 반발도 생기고 말썽이 생기니까 대기업한테 갑의 역할을 맡겨서 원가 절감을 하고 그 공을 담당 공무원이 가져가는 거지요. 이런 문제들이 소프트웨어 산업을 낙후화시킨 주범입니다. 시장이 아무리 커져도 공정하고 투명해야 우리나라 벤처기업이나 중소기업이 살아날 수 있는 토양이 됩니다. 시장이 커도 토양이 척박하면 거기에서 나오는 열매는 없을 것 같습니다."[5]

이런 새로운 재벌(이 돈 버는 방)법이 정당한지 부당한지에 대한 논란은 한참 계속되었다. 어떤 문제가 결론이 잘 나지 않는 건 어려워서가 아니라 문제가 잘 '보이지' 않기 때문이다. 이때도 핵심은 '눈에 보이지 않는 것'이었다. 중간에 끼어 들어간 회장님 회사가 '실제 수수료를 받을 만한 가치가 있는 일을 하고 있느냐'를 판단해야 했다. 하지만 유통의 본질은 '연결'이다. 좋은 물건을 생산하는 사람과 이 물건을 필요로 하는 사람을 연결해 주기만 하면 가치를 인정받을 수 있다. 땀을 흘려서 하는 육체노동도 아니고, 오랜 기간 고등 교육을 받아야만 할 수 있는 지식 전문직도 아니다. 다양한 경험과 인적·물적 네트워크를 연결해서 돈을 버는 것이 본질인 유통에 대해 '실제로 일을 하고 있느냐?'고 묻는 것은 우문이 될 수 있다.

하지만 결국 이것도 부당거래법에 들어가게 되었다. 2013년 개정된 공정거래법 제23조 제1항에는 아래와 같이 새로운 내용이 몇 줄 추가됐다.

제23조(불공정거래행위의 금지) ①사업자는 다음 각 호의 어느 하나에 해당하는 행위로서 공정한 거래를 저해할 우려가 있는 행위(이하 "불공정거래행위"라 한다)를 하거나, 계열회사 또는 다른 사업자로 하여금 이를 행하도록 하여서는 아니 된다.

7. 부당하게 다음 각 목의 어느 하나에 해당하는 행위를 통하여 특수관계인 또는 다른 회사를 지원하는 행위.

가. 특수관계인 또는 다른 회사에 대하여 가지급금·대여금·인력·부동산·유가증권·상품·용역·무체재산권 등을 제공하거나 상당히 유리한 조건으로 거래하는 행위.

나. 다른 사업자와 직접 상품·용역을 거래하면 상당히 유리함에도 불구하고 거래상 실질적인 역할이 없는 특수관계인이나 다른 회사를 매개로 거래하는 행위.

눈썰미가 있는 사람은 앞에서 본 1996년의 공정거래법 제23조와 비교해서 작은 것과 큰 것 두 가지가 달라졌음을 알 수 있을 것이다. 먼저 작은 것으로는 '현저히' 유리한 조건이 '상당히' 유리한 조건으로 단어 하나가 바뀌었다. 무슨 차이일까? 이건 회장님 회사와 '너무' 싸게 팔거나 '너무' 비싸게 사는 거래를 하지 말라는 법이 '꽤' 싸게 팔거나 '꽤' 비싸게 사는 거래를 하지 말라는 법으로 바뀐 것이다. 분명 회장님 회사를 밀어주는 거래를 했는데 '현저하지 않아서' 불법이 아니라는 판결, '너무' 싸거나 비싼 것은 아니었다는 변명이 계속 나오자 아예 법의 기준을 낮춰 버린 것이다. 그러나 '너무 싼 것'과 '꽤 싼 것'에 대한 기준이 너무 막연하기에 혼란스럽기는 마찬가지였다.

가장 크게 바뀐 것은 '나 항'이 새로 생긴 것이다. 다음과 같이 잘라서 보면 쉽게 이해할 수 있다.

'부당하게'

'직접 거래하면 상당히 유리함에도 불구하고'

'실질적인 역할이 없는 사람이나 회사를 매개로 거래하면 안 된다'

궁여지책이었다. 법은 추상적인 말이 많을수록 적용하기 어렵다. '혈중 알코올 농도가 0.08%인 경우에는 운전면허가 취소된다'는 법은 얼마나 쉬운가? 반대로 '못된 장난 등으로 다른 사람, 단체 또는 공무수행 중인 자의 업무를 방해한 사람은 20만 원 이하의 벌금에 처한다'[6]는 법은 얼마나 애매한가? '못된 장난'이란 도대체 뭘 의미하는 걸까?

그런데 새로 생긴 부당거래법에는 이런 추상적인 구절이 세 개나 들어 있었다. '부당하게' '상당히 유리' '실질적인 역할이 없는'이라는 문구는 하나를 두고 몇 날 며칠 동안 밤샘 토론을 해도 결론이 나지 않을 정도로 추상적인 주제다. 원래 목을 잡고 생산자와 소비자를 연결시키는 중간 역할의 유통회사 없이 생산자와 소비자가 직접 거래할 경우, 당연히 가격 면에서 상당히 더 유리해진다. 하지만 물량이나 가격 관리를 직접 해야 하고 유통에 대해 잘 모르니 자칫 속을 수도 있다. 분쟁이나 소송이라도 걸리는 날에는 뭐가 돈이 덜 드는 건지 도무지 알 수 없게 된다. 결국 부당한지 아닌지에 따라 불법을 결정하겠다는 껍데기만 남은 이 법은 뫼비우스의 띠처럼 돌고 도는 공허한 울림이 되고 말았다.

잘못 끼운 단추,
돌아갈 수 없는 길

첫 단추를 잘못 끼우면 중간부터는 바로잡을 수 없다. 반드시 다 풀어내고 처음부터 제대로 다시 끼워야 한다. 동네에 급한 대로 구불구불한 길을 새로 하나 만들면 주변에 많은 사람이 정착하고 가게도 들어서기에 부수고 길을 다시 낼 수 없다. 곧은길을 내고 싶다면 아예 동네 밖에 새로운 길을 만들어야 한다.

　지금까지 본 재벌법 기초 1, 2, 3단계는 부당거래법으로 요약될 수 있다. 나와 거래하는 조건과 회장님 회사와 거래하는 조건이 너무 다르니 '불공평'하다는 생각에서 출발한 게 지난 25년 동안의 법이다. 이런 부당거래법은 '부당'의 뼈대 위에 새로 가지를 뻗치고 살을 붙여 왔다. 하지만 거래 조건이 남과 달라서 불공평하거나 부당한 것이 진짜 문제였을까? 모든 상인이 똑같은 조건으로 모든 거래를 한다면 그게 더 이상한 현상이 아닐까. 같은 물건이라도 사는 시기와 구매하는 개수, 거래 상대의 협상력에 따라 누군가에게는 싸게 주고, 또 다른 사람에게는 비싸게 줄 수 있다. 그게 정상적인 거래다. 그런데 모두 똑같은 조건으로 거래해야 한다는 생각, 출처도 알 수 없는 이 이상한 유령이 부당거래법을 탄생시켰다. 그렇다면 이 부당거래법은 지금 재벌(이 돈 버는 방)법에 관한 우리 사회의 이해관계를 제대로 조정하고 있긴 한 걸까?

이것을 잘못 끼운 단추라고 부르려는 이유는, 재벌(이 돈 버는 방)법이 나쁘다거나 그것을 규제하기 위해 만들어진 법들이 오류였다고 주장하기 위해서가 아니다. 급하게 달려오느라 모두가 차분히 생각해 보지 못한 것들을 이야기해 보고, 모두가 잘 이해한 상태에서 열린 마음으로 토론해 보려는 것이다. 누구든 치킨코리아의 재원, 영미 또는 우현의 입장에 설 수 있다. 하지만 정확히 어떤 일이 벌어졌고 어떤 법이 생겼는지 잘 모르기 때문에 상대방의 입장을 이해하지 못하고 논의가 평행선만 달리는 경우가 많았다. 서로 잘 모르는 것에 대해서는 토론할 수 없다. 적어도 중학교 수업 시간에 배운 지식처럼 자연스럽게 인지하고 있어야 그 주제에 관해 상대방의 다른 의견을 이해하고 앞으로 나아가려는 시도를 할 수 있다.

그러면 지금까지 거론한 재벌법 숨바꼭질을 시간순으로 한번 정리해 보자.

· 1996년 마법 쿠폰 사건

· 1996년 1차 부당거래법 만듦

공정거래법 제23조(불공정거래행위의 금지) ①사업자는 다음 각호의 1에 해당하는 행위로서 공정한 거래를 저해할 우려가 있는 행위(이하 "불공정거래행위"라 한다)를 하거나, 계열회사 또는 다른 사업자로 하여금 이를 행하도록 하여서는 아니 된다.

7. 부당하게 특수관계인 또는 다른 회사에 대하여 가지급금·대여금·인력·부동산·유가증권·무체재산권등을 제공하거나 현저히 유리한 조건으로 거래하여 특수관계인 또는 다른 회사를 지원하는 행위.

· 1997년 IMF 구제금융 사태

· 1998년 회장법 만듦

상법 제401조의2(업무집행지시자 등의 책임) ①다음 각호의 1에 해당하는 자는 그 지시하거나 집행한 업무에 관하여 제399조·제401조및 제403조의 적용에 있어서 이를 이사로 본다.

1. 회사에 대한 자신의 영향력을 이용하여 이사에게 업무집행을 지시한 자
2. 이사의 이름으로 직접 업무를 집행한 자.
3. 이사가 아니면서 명예회장·회장·사장·부사장·전무·상무·이사 기타 회사의 업무를 집행할 권한이 있는 것으로 인정될 만한 명칭을 사용하여 회

사의 업무를 집행한 자.

· 1998년 2차 부당거래법 만듦

법인세법 제52조(부당행위계산의 부인) ①납세지 관할세무서장 또는 관할지
방국세청장은 내국법인의 행위 또는 소득금액의 계산이 대통령령이 정하는
특수관계에 있는 자(이하 "특수관계자"라 한다)와의 거래로 인하여 그 법인의
소득에 대한 조세의 부담을 부당히 감소시킨 것으로 인정되는 경우에는 그
법인의 행위 또는 소득금액의 계산(이하 "부당행위계산"이라 한다)에 관계없이
그 법인의 각 사업연도의 소득금액을 계산할 수 있다.

②제1항의 규정을 적용함에 있어서는 건전한 사회통념 및 상관행과 특수관
계자가 아닌 자간의 정상적인 거래에서 적용되거나 적용될 것으로 판단되는
가격(요율·이자율·임대료 및 교환비율 기타 이에 준하는 것을 포함하며, 이하 이 조
에서 "시가"라 한다)을 기준으로 한다.

· **2001년 마법의 회사 설립**

· **2009년 마법 쿠폰 무죄 판결** [7]

· **2011년 마법의 회사 손해배상 대부분 기각 판결** [8]

· 2011년 마법의 회사 금지법 만듦

상법 제397조의2(회사의 기회 및 자산의 유용 금지) ① 이사는 이사회의 승인

없이 현재 또는 장래에 회사의 이익이 될 수 있는 다음 각 호의 어느 하나에 해당하는 회사의 사업기회를 자기 또는 제3자의 이익을 위하여 이용하여서는 아니 된다. 이 경우 이사회의 승인은 이사 3분의 2 이상의 수로써 하여야 한다.

1. 직무를 수행하는 과정에서 알게 되거나 회사의 정보를 이용한 사업 기회.

2. 회사가 수행하고 있거나 수행할 사업과 밀접한 관계가 있는 사업 기회.

② 제1항을 위반하여 회사에 손해를 발생시킨 이사 및 승인한 이사는 연대하여 손해를 배상할 책임이 있으며 이로 인하여 이사 또는 제3자가 얻은 이익은 손해로 추정한다.

• 2012년 2차 부당거래법 강화

상속세 및 증여세법 제45조의3(특수관계법인과의 거래를 통한 이익의 증여 의제)
① 법인이 제1호에 해당하는 경우에는 그 법인(이하 이 조 및 제68조에서 "수혜법인"이라 한다)의 지배주주와 그 지배주주의 친족[수혜법인의 발행주식총수 또는 출자총액에 대하여 직접 또는 간접으로 보유하는 주식보유비율(이하 이 조에서 "주식보유비율"이라 한다)이 대통령령으로 정하는 보유비율(이하 이 조에서 "한계보유비율"이라 한다)을 초과하는 주주에 한정한다. 이하 이 조에서 같다]이 제2호의 이익(이하 이 조 및 제55조에서 "증여의제이익"이라 한다)을 각각 증여받은 것으로 본다. (이하 생략)

• 2013년 1차 부당거래법 강화

공정거래법 제23조(불공정거래행위의 금지) ① 사업자는 다음 각 호의 어느 하나에 해당하는 행위로서 공정한 거래를 저해할 우려가 있는 행위(이하 "불공정거래행위"라 한다)를 하거나, 계열회사 또는 다른 사업자로 하여금 이를 행하도록 하여서는 아니 된다.

7. 부당하게 다음 각 목의 어느 하나에 해당하는 행위를 통하여 특수관계인 또는 다른 회사를 지원하는 행위.

가. 특수관계인 또는 다른 회사에 대하여 가지급금·대여금·인력·부동산·유가증권·상품·용역·무체재산권 등을 제공하거나 상당히 유리한 조건으로 거래하는 행위.

나. 다른 사업자와 직접 상품·용역을 거래하면 상당히 유리함에도 불구하고 거래상 실질적인 역할이 없는 특수관계인이나 다른 회사를 매개로 거래하는 행위.

공정거래법 제23조의2(특수관계인에 대한 부당한 이익제공 등 금지) ① 공시대상기업집단(동일인이 자연인인 기업집단으로 한정한다)에 속하는 회사는 특수관계인(동일인 및 그 친족에 한정한다. 이하 이 조에서 같다)이나 특수관계인이 대통령령으로 정하는 비율 이상의 주식을 보유한 계열회사와 다음 각 호의 어느 하나에 해당하는 행위를 통하여 특수관계인에게 부당한 이익을 귀속시키는 행위를 하여서는 아니 된다. 이 경우 각 호에 해당하는 행위의 유형 또는 기준은 대통령령으로 정한다.

• **2019년 치즈 통행세 판결**[9]

이렇게 지난 25년간 크게 두 라운드가 돌았다. 쫓고 쫓기는 숨바꼭질이라 할 수도, 축구나 야구의 공격과 수비라 할 수도 있다. 스포츠 방식으로 짧게 해설해 보자. 공격은 충분한 연습 없이 급하게 이루어졌지만, 그에 대한 수비는 훈련도 잘되어 있었을 뿐 아니라 재빨랐다. 뒤이은 새로운 공격은 느리면서 예리하지도 않았기 때문에 수비가 수월했다.

1차 재벌법 공격이라고 할 수 있는 1996년과 1998년의 부당거래법은 2001년 마법의 회사가 쓴 최신 전술, 몰아주기와 통행세를 통해 효과적으로 방어되었다. 그 수비력은 2011년 법원에서 최종 검증됐다. 이러한 수비 전술을 뚫기 위해 2012년과 2013년 2차 재벌법이 개발되고 재공격이 시작되었지만, 그 효력은 별로라는 사실이 법원에서 계속 드러나고 있다. 이것이 2020년 현재의 상황이다. 아마도 2021년이나 2022년에 치즈 통행세에 대한 대법원의 판결이 나오면 누가 판정승을 거두었는지 알 수 있을 것이다. 하지만 지금 2차 공격에 대한 수비 교본은 이미 나와 있는 상황이나 다름없다. 이런 성공적인 방어에 대해서 어떤 사람들은 당연하다고 말하고, 또 어떤 사람들은 법원이 잘못되었다고 분노한다. 어떤 사람들은 돈의 승리라고 체념하기도 하지만, 이는 그렇게 단순한 문제가 아니다.

약간의 힌트를 준다면, 다시 '부당'을 생각해야 한다. 회장님이나 회장님 회사에만 싸게 팔고, 그들 것을 비싸게 사 주고, 이왕 같은 값이라면 회장님 회사와 거래하고, 다른 회사들과 거래할 때 회장님 회사를 끼워 통행세를 받도록 해 주는 것. 이것은 과연 '부당한' 일이었을까?

"왜 나한테 주는 조건과 회장님 회사에 주는 조건이 다르지? 불공평해!"

과연 이런 생각이 옳은 걸까? 시장 가게 주인이 반드시 여러 손님한테 모두 똑같은 가격으로 팔아야 할 이유가 있을까? 없다. 시장에서는 흥정하기 나름이 아닌가? 평소 거래가 많고 신뢰가 두터운 상대방이라면 가격을 더 후하게 쳐줄 수 있고, 오랫동안 거래를 계속해 온 회사라면 비밀 보장이 잘되기 때문에 안정적으로 많은 거래를 할 수도 있다. 하지만 거래라는 게 다양할 수밖에 없고 다양한 것이 본질인데, 이에 대해 가격이나 물량과 같은 구체적인 조건을 규정하는 법을 만들려고 했기 때문에 재벌법은 끝도 없는 '케바케case by case'의 늪으로 빠져들 수밖에 없었던 것이다.

이것은 분명 잘못 끼운 단추였다.

왜냐하면 '부당한' 상황이 아니기 때문이다. 회사의 관점에서 생각하면, 회사가 회장님이나 회장님 회사와 거래하는 것은 전형적인 이해상충conflict of interest의 상황이다.

이해상충(이해충돌)이란, 계약 당사자와 같이 서로 반대편에 있는 두 사람의 일을, 둘 중 한 사람 또는 양쪽을 모두 대리하는 사람이 결정하는 상황을 의미한다. 즉 한 사람이 자기 일뿐 아니라 상대방의 일까지 결정하는 경우가 이해상충의 상황이다. 이럴 때는 한 사람이 자신의 인격을 둘로 나누어서 결정할 수 없으므로 어느 한쪽 일을 하지 말아야 한다. 법 이전에 철학이고 윤리의 문제다. 변호사가 계약이나 소송에 대해서 양쪽 모두에게 업무 의뢰를 받았다면 둘 중 하나만 해야 하는 것이 대표적인 예다. 만약 변호사 한 명이 계약이나 소송에서 양쪽 일을 모두 맡는다면 변호사법 위반이고 윤리적으로 크게 비난받을 수 있으며 무엇보다 일을 제대로 할 수 없다. 양쪽의 의견이 조금이라도 다를 때는 어떤 선택을 해야 할까? 그 순간을 상상해 보면 쉽게 납득할 수 있을 것이다.

그런데 이해상충은 우리 사회에서 많은 사람에게 익숙하거나 잘 알려진 말은 아니다. 말 자체도 좀 어렵고, 이해관계나 이익으로 주로 번역되는 'interest'를 '이해'라고 줄여서 번역하다 보니 감이 잘 오지 않는다. 사실은 매우 첨예한 돈의 문제인데, 그런 느낌도 없다. 왜 이해상충 상황을 피해야 하는지 윤리적인 판단도 잘 서지 않는다. 하지만 여기 쉽게 공감할 만한 말이 하나 있다.

'공과 사를 구별하라.'

회사에서 이해상충 때문에 어느 한쪽의 일을 하면 안 된다는 말은 회사의 공적인 일과 자신의 사적인 일을 엄격히 구별하라는 뜻이다. 예를 들어 사장이 개인적으로 구매해 몰던 승용차를 회사 업무용으로 사용하기 위해 회사 측에 팔려고 한다면, 그 가격은 누가 정해야 할까? 한쪽에서는 사장이 승용차 주인으로서 비싸게 팔겠다고 버티다가 반대편에 가서 표정을 싹 바꾸고는 회사의 대표자로서 더 싸게 사겠다고 협상해야 할까? 개인 휴대폰과 회사 휴대폰 두 대를 책상 위에 나란히 놓고 서로에게 문자 메시지를 보내야 할까? 당연히 아니다. 사장은 자신의 승용차를 회사에 파는 거래에서만큼은 깔끔하게 배제되어야 한다. 이 거래에서는 오로지 승용차 주인으로서만 행동하고, 회사의 일은 자신이 아닌 다른 사람에게 맡기고 전혀 관여하지 말아야 한다. 이해상충 금지를 쉽게 설명하면 이런 경우를 의미하는 것이고 '공과 사를 구별하라'는 오래된 가르침과 일맥상통한다.

회사가 회장님 또는 회장님 회사와 거래할 때만 싸게 팔거나 비싸게 사 주고, 이왕 같은 값이라면 회장님 회사와 거래하고, 다른 회사들과 거래할 때 회장님 회사를 끼워 통행세를 받도록 해 주는 이 모든 거래. 이것이 문제가 되는 이유는 '조건이 불공평하고 다른 사람들을 차별해서 생긴 부당한 일'이어서가 아니다. 문제의 핵심은 회사와 회장 사이에 '이해상충'이 일어났고 '공사 구별을 하지 않았다'는 것에 있다.

물론 법에는 이런 경우에 어떻게 해야 하는지 그 내용이 이미 고지되어 있다.

상법 제398조(이사 등과 회사 간의 거래) 다음 각 호의 어느 하나에 해당하는 자가 자기 또는 제3자의 계산으로 회사와 거래를 하기 위하여는 미리 이사회에서 해당 거래에 관한 중요사실을 밝히고 이사회의 승인을 받아야 한다. 이 경우 이사회의 승인은 이사 3분의 2 이상의 수로써 하여야 하고, 그 거래의 내용과 절차는 공정하여야 한다.

1. 이사 또는 제542조의 8 제2항 제6호에 따른 주요주주.

2. (이하 생략)

이 법은 '이사의 자기거래 금지법'이라고 한다. '자기거래'라는 말도 평소에 잘 쓰는 말은 아니긴 하지만 그래도 감은 잡히지 않는가? 이 말은 '자기 스스로 한 몸처럼 거래한다'는 뜻이다. 이 법은 어떤 회사의 일과 이사 개인의 일이 겹칠 때는 그 이사는 배제되고 다른 이사들의 승인을 받으라고 규정하고 있다. 그러나 결론적으로 이런 '자기거래법'은 제대로 돌아가지 않고 있다. 아니, 완전히 껍데기만 남아 있다. 그 이유는 뒤에서 더 얘기해 볼까 한다.

재벌(이 돈 버는 방)법의 시발점은 바로 이 '자기거래'다. 그러므로 처음부터 이런 거래에서 회장이 공과 사를 구별하고 있는지, 아니라면 어떻게 법으로 엄격히 공사를 구별하게 할 것인지에 대해 논의했어야 한다. 하지만 이 '자기거래'를 '부당거래'라는 기준으로 공격했으니 재벌법의 칼날은 예리할 수가 없었다. 재벌(이 돈 버는 방)법의 핵심은 회장과 회사가 서로 이해관계의 상대가 되어 거래할 때, 회장도 본인의 이익을 위해서 결정하고 회사의 임원들도 회사가 아닌 회장의 이익을 위해서 결정하는 것인데, 엉뚱하게 그 거래에서 나오는 이익이 '너무 많은지' 혹은 '너무 적은지'를 두고 25년이라는 긴 시간을 숨바꼭질과 헛발질에 허비한 것이다.

재벌법은 지난 수십 년간 허수아비를 찌르고, 보이지 않는 유령에

헛발질을 하느라 힘만 뺐다. 잘못 끼운 단추 아래로 너무 많은 단추를 새로 끼웠고, 그중 몇 개는 뺄 수도 없게 꿰매 버렸다. 과연 단추를 다 풀어 버리고 처음부터 다시 끼울 수 있을지 현재로서는 알 수가 없다.

- - - -

다음 장으로 넘어가기 전에 앞의 연대표에 자세히 이야기하지 않은 사건이 하나 껴 있다는 것을 알아차린 사람이 있을지 모르겠다. 바로 2009년에 있었던 대법원의 무죄 판결이다. 이 판결은 1996년 마법 쿠폰 발행에 대한 것이었다. 기억해 보자. 마법 쿠폰은 주식 1주 값에 무려 그 회사의 주식 10주로 바꿀 수 있는 전환사채였다. 사장이 이런 전환사채를 발행해서 원래의 주주도 아니고 제3자가 가져가도록 한 것이 회사를 배신한 죄(업무상 배임죄)가 되는지에 대한 재판, 2000년부터 무려 10년을 이어 오던 이 재판이 대법원에서 최종 판결을 받은 것은 2009년 5월 29일이다. 사건번호 2007도4949. 앞으로 기억하기 쉽게 이것을 4949 판결이라고 부르겠다.

이 판결은 복잡하다. 뒤에서 다시 설명하겠지만 대법관들조차 결론이 6:5로 나뉘었을 만큼. 이 책의 설명이 절대적이라고 얘기하기도 어렵다. 하지만 이 4949 판결이 있었다는 사실을 일단 잘 기억해 두자. 무죄 판결이 났기 때문이 아니다. 부당거래법과는 조금 결이 다른 재벌법이었고 앞으로 재벌법 중급 편으로 넘어가려면 알아야 하는 사실이기 때문이다.

• 밀어주기 | 어떤 회사가 회장 또는 회장의 지분이 많은 회사와 거래하면서 비싼 것을 싸게 팔거나 싼 것을 비싸게 사 주는 방법으로 그 회사에 이익을 넘겨주는 것. 부당거래법 위반으로 과징금 또는 형사 책임을 질 수 있다.

• 몰아주기 | 어떤 회사가 회사에 필요한 물건이나 서비스를 회장 또는 회장의 지분이 많은 회사로부터 대부분 공급받으면서 그 대금을 지급하는 것. 밀어주기와 함께 이용될 수 있는데, 밀어주기 없는 몰아주기는 부당거래법 위반으로 판단되기 어렵다.

• 끼워 넣기(통행세) | 어떤 회사가 회사에 필요한 물건이나 서비스를 공급받으면서, 원래 공급하던 다른 회사로 하여금 회장 또는 회장의 지분이 많은 회사에 공급하도록 하고 자신은 회장 또는 회장의 지분이 많은 회사로부터 다시 공급받는 것. 부당거래법에 금지하는 규정이 신설되었지만, 추상적인 요건이 많아서 위반으로 판단하기 어렵다.

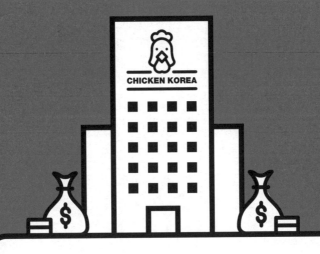

Level 3.

재벌법 중급 편:

세상에서 가장 빠르게 부자가 되는 주식 투자의 비밀

주식이란, 주식회사란?

주식회사의 역사는 생각보다 길다. 조선에서 13년 동안 살다가 탈출했다던 하멜의 회사, 네덜란드의 동인도회사가 최초의 주식회사라는 얘기는 한 번쯤 들어 보았을 것이다. 주식회사에서는 사업을 하는 데 필요한 전체 자본금을 잘게 쪼개어 여러 명에게 받은 후 돈을 냈다는 증서를 준다. 증서를 가진 사람에게는 회사가 번 돈의 일부를 배당금으로 주지만, 그들이 회사에 낸 돈은 돌려주지 않는다.

이렇게 주식은 회사에 돈을 냈다는 증거가 되며 돈을 낸 대가로 회사의 이익을 분배받을 수 있다. 특이한 점은 돈을 빌려준 사람에게 이자받을 권리가 주어지는 것과 달리 주식을 가졌다고 해서 분배를 요구할 권리는 없다는 것이다. 투자한 돈을 회수하고 싶다면 그 증서를 다른 사람에게 팔아야 한다. 사고팔 수 있기 때문에 증서에는 가격이 매겨지고, 채소나 고기처럼 한곳에 모여서 증서를 사고파는 주식 시장이 탄생했다. 주식은 같은 회사의 것이라면 품질이 똑같기 때문에 사고팔기가 매우 적당했다. 담보로 잡기도 쉬웠고 원할 때면 언제든 돈으로 바꿀 수 있었다. 지난 400여 년간 우리가 살고 있는 자본주의 시장경제를 만들어 온 가장 중요한 축이 이 주식회사다.

그러나 주주株主가 정확히 주식회사의 주인主人이라는 의미는 아니다. 이렇게 단정적으로 말하면 불편해하는 사람이 많을 것이다. 하지만 주인이냐 아니냐를 따지는 이분법적인 관점에 대해 이야기하려는 것은 아니니 마음 편히 아래 설명을 읽어 보자.

같은 '주'자를 쓰는 탓인지, 현대 민주주의 국가에서 국민이 국가의 주인이라는 이데올로기와 섞인 탓인지, 많은 사람이 주주를 주식회사의 주인이라고 생각한다. 하지만 엄밀히 말해서 주주shareholder는 주식회사에 필요한 돈을 나눠서 낸 몫share이 적힌 증서를 가진 사람holder이라는 뜻이다.

주주는 회사와 운명을 같이할 각오로[10] 회사에 돈을 낸 사람, 그리고 공평하게 회사의 이익과 성장 가치를 나누어 가지는 사람이다. 회사가 망하면 회사에 낸 돈을 전부 잃는 사람이기 때문에 회사가 어떤 의사 결정을 하고 어떻게 경영되는지 관심을 가질 수밖에 없다. 따라서 회사의 의사 결정에 관여할 권리를 준다. 중대한 안건은 직접 투표와 같은 방식으로 주주들을 모두 소집해 결정하게 한다. 그리고 회사의 최고 의사 결정자, 즉 경영자를 직접 선택하는 권리인 '의결권'

을 주는데 이 의결권은 기본적으로 회사에 낸 돈의 액수에 비례해서 갖는다. 정리하면, 주주는 회사를 위해 돈을 내고, 그 돈을 돌려받지 않겠다는 서약을 한 대가로 회사의 경영에 관여할 수 있는 일정한 권리를 갖는 사람이라고 이해하는 것이 가장 정확하다.

　주식회사에는 돈을 낸 사람, 일을 하는 사람, 그리고 의사 결정을 하는 사람이 있을 뿐, 누가 주인이라는 개념이 없다. 가끔 이 중에 '누가 주인인가'에 대한 논의가 치열하게 펼쳐지기도 하지만, 서로 가치관의 차이를 확인하는 논쟁으로 끝나곤 한다. 변하지 않는 사실은 셋 중 어느 하나가 없으면 주식회사도 없다는 것이다. 그중에서 주주는 주인이라기보다 '동업자'라는 표현이 의미상 더 적절할 것이다.

　이제 막 생긴 주식회사는 창업한 한두 사람이 돈을 내고, 일도 하고, 의사 결정도 하지만, 회사가 성장할수록 몇몇 기능이 점차 다른 사람들에게 옮겨 간다. 일손이 필요하면 직원이 많아지고, 돈이 필요하면 투자를 받고 새로 주식을 발행한다. 사장이 하는 최종 의사 결정도 점점 줄어든다. 전략CSO, 재무CFO, 인사COO, 법무General Counsel 와 같이 회사가 커질수록 'C-level'이라고 부르는 임원들에게 의사 결정 대부분이 넘어간다. 주식회사는 돈, 일, 결정이라는 세 가지 기능을 서로 다른 사람들이 하는 것을 전제로 만든 '큰 회사'에 관한 제도다.

　이번 장에서 살펴볼 재벌법 중급 편은 기본적으로 '주식'을 이용하는 것이기에 주식과 주식회사에 대한 이야기로 시작해 보았다. 하지만 회사법 교과서는 아니니 여기까지만 하겠다. 지금부터 시작되는 그들만의 비법, 주식회사를 마음대로 쪼개고 합치고 주무르는 이 복잡해 보이는 이야기를 이해하기 위해서는 이 정도만 알면 된다.

중급 1단계: 합병과 분할 이용하기

이제 여러분은 주식회사의 합병과 분할을 이해할 수 있다. 먼저 쉬운 문제에 대한 답을 생각해 보자. '1 더하기 1'은 무엇일까? 2나 1, 창문, 귀요미 등 수많은 답이 떠오르겠지만, 여기에서는 주인이 다른 찰흙 두 덩어리를 합쳐서 하나로 만드는 경우를 생각해 보자. 무게는 2배가 되지만, 덩어리는 하나가 되는 것이니 정답은 '커다란 1'이다. 그리고 원래의 주인들은 커다란 덩어리에 대해 절반씩 권리를 갖게 될 것이다. 만약 찰흙이 아니라 주식회사라면 50% 지분만큼 주식을 줄 것이다.

여러분이 빨간 찰흙 덩어리 10g을 갖고 있었는데 친구가 갖고 있던 파란 덩어리 10g을 합쳐서 20g짜리 커다란 보라색 찰흙 덩어리를 만들었다. 그 보라색 찰흙 덩어리를 유명 작가에게 의뢰해 멋진 작품으로 만든 다음 100만 원에 팔았다. 50%씩 권리를 가진다는 것은 이때 얻은 수익을 여러분과 친구가 50만 원씩 나눠 갖는다는 의미이고, 그렇기 때문에 여러분과 친구가 의견이 같을 때에만 그 작품을 팔겠다고 결정할 수 있다.

회사 하나와 다른 회사 하나를 합치는 것도 같다. A사와 B사가 합병하면, 두 회사에 돈을 낸 사람들이 합쳐진 회사에 대한 권리를 얼마나 가질지 정한다. 합병하기 전 기존 회사에서는 돈을 낸 비율에 따라서, 또 언제 돈을 냈는지에 따라서" 돈을 낸 사람들의 권리 비율이 이미 정해져 있다. A사와 B사 각각 주주들의 지분이 정해져 있다는 얘기다. 합병을 하면 지분이 바뀐다. 무조건 줄어든다. 이유는 간단하다. 1 더하기 1이 2가 아니라 '커다란 1'이 되었기 때문이다. A사 지분의 합도 100%였고, B사 지분의 합도 100%였는데 합병한 회사의 지분도 100%여야 한다. 그래서 A사 주주들이 합병한 회사의 100% 지분 중 얼마나 받을지, B사 주주들도 지분을 얼마나 받을지 정해야 한다.

대체 어떻게 나눠야 할까? 또 왜 줄어드는 것일까? A와 B라는 방에 사람들이 앉아 있다고 생각하면 조금 쉽다.

다음의 그림처럼 회사를 방이라고 하고 사람들이 돈을 낸 만큼 방 안에 자리를 차지했다고 가정해 보자. 자릿값은 1평에 1만 원이다. A방은 10평이고 10명의 주주가 각자 10%인 1평씩 자리를 차지했다. 바로 옆에 있는 B방은 20평이고 이 방의 주주 10명 역시 10%인 2평씩 차지했다. 한 명당 2만 원을 낸 것이니 A방 사람들보다 많은 돈을 냈

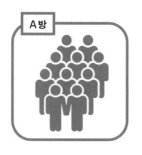
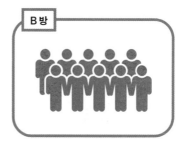

[그림 08] 작은 A방과 큰 B방에 10명씩 들어가 있다.

다. 이제 두 곳을 합방하기로 결정했다. A방과 B방 사이의 벽을 터서 두 방을 하나로 만들었다. 합친 방 전체에서 A방에 있던 사람 한 명당 지분은 3.3%, B방에 있던 사람 한 명당 지분은 6.7%로 줄었다. 하지만 문제는 없다. 방이 커졌기 때문에 지분율이 달라졌을 뿐, 앉는 면적은 같기 때문이다. 합친 방의 면적은 30평이 되었으니, 원래 A방에 있던 주주 10명이 1평씩 그대로 앉을 수 있고, B방에 있던 주주 10명의 자리도 2평 그대로다. 돈을 낸 넓이만큼 앉는 것은 합방하기 전이나 후나 똑같다.

하지만 이런 경우가 생긴다면 어떨까. 합방 공사를 한다고 B방 사람들이 잠시 방을 비웠다가 돌아왔는데, A방 사람들이 그사이에 방의 절반을 차지한 것이다. 곧 싸움이 일어났다. 원래 20평이던 B방 사람들은 2만 원씩 내고 2평 넓이의 자리에 있었는데, A방 사람들이 갑자기 더 넓게 앉는 바람에 1.5평으로 자리가 줄어들어 버렸기 때문이다. B방 사람들이 돌아와서 A방 사람들에게 각자 1평씩만 차지해야 한

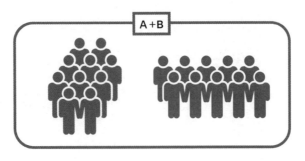

[그림 09] 처음 합방했을 때는 앉는 면적에 변화가 없다.

다고 항의했지만, A방 사람들은 이렇게 말했다.

"A방에 베란다가 있었던 것 몰랐어요?"

A방에는 10평짜리 베란다가 있었으므로 합방 후 자리를 나눌 때 베란다 넓이도 고려해야 한다는 대답이었다. 게다가 이런 이야기도 덧붙였다.

"정확히 재어 보니 A방과 B방 면적이 똑같이 15평이더라고요. A방이 길쭉하고 가구도 많아서 좁아 보인 것뿐이었어요. 그러니 합방 후에 똑같이 앉는 것이 맞습니다."

말도 안 되는 주장이지만, 이미 벽을 철거해 버린 터라 원래 A방이 얼마나 넓었는지 측정할 수가 없다. 이렇게 옥신각신 싸우고 있는데 갑자기 합친 방이 철거된다는 소식이 들려왔다. 30평짜리 허름한 아파트가 철거되고 60평짜리 초고층 아파트로 재건축된단다. 그리고 원래 주인에게는 철거할 때 보유하고 있던 면적을 기준으로 분양권을 준다고 한다. A방 사람 10명과 B방 사람 10명 모두 3평짜리 분양

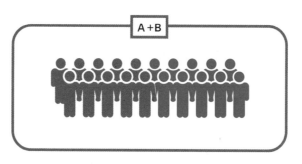

[그림 10] 방이 합쳐진 뒤 A방 사람들이 같은 면적을 요구하자
매우 혼잡해진 방의 모습.

권을 받았다. 원래 1평만 갖고 있던 A방 사람들은 무려 3배의 대박을 맞고 입이 딱 벌어진다. 2평을 갖고 있던 B방 사람들도 더 많이 받게 되었으니 싸움을 멈춘다. 좋은 게 좋은 거 아닌가. 배는 좀 아프지만 3평도 나쁘지 않으니 재건축되어서 집값이나 더 오르길 바라자고 생각이 바뀐다.

A주식회사와 B주식회사가 합병할 때도 비슷한 일이 생겼다.

－ － － － －

앞에서 본 밀어주기, 몰아주기, 통행세와 같은 재벌(이 돈 버는 방)법은 사실 고단하다. 몇 년 동안 지속적으로 거래해야 하고 수없이 이루어지는 거래들의 조건 하나하나를 신경 써야 한다. 게다가 부당거래법이 생기고 진화하면서 그에 대응하는 논리를 짜내어 수비하는 것도 만만치 않은 일이 되었다. 반면 합병을 이용할 경우 몇 년 동안 해야 하는 일을 한 방에 끝낼 수 있다. 재벌법 중급 편의 시작은 바로 주식회사의 합병을 이용하는 '부풀려서 붙이기' 방법이다.

부풀려서 붙이기는 쉽다. 회장님 회사의 덩치를 키운 다음에 원하는 회사에 붙이면, 합병된 회사에 대한 회장님의 지분이 한꺼번에 늘어난다. 간단한 계산으로 이해할 수 있다. 회장님이 100% 지분을 가진 회사의 가치가 100억 원이고 붙이려는 회사가 900억 원이라면, 합병 후 회장님은 1000억 원짜리 회사의 지분 10%를 갖게 된다. 붙이려는 회사의 가치가 900억 원인데 회장님 회사가 600억 원이라면 회장님은 합병 후 회사의 40% 지분을 갖게 된다(수식으로 하면 600÷(600+900)이다). 그런데 회장님 회사가 600억 원인데 붙이려는 회사의 가치가 900억 원에서 400억 원으로 쪼그라들었다면? 회장님은 합병 후 회사의 지분을 무려 60%나 갖는 최대주주가 될 수 있다(수식으로 하면 600÷(600+400)이다).

따라서 '부풀려서 붙이기'는 일단 회장님 회사의 덩치를 키우는 것으로 시작한다. 실제 크게 만들기도 하고 크게 '보이도록' 하기도 한다. 덩치를 키우는 방법에는 여러 가지가 있다. 전망이 밝거나 수익성이 좋은 신사업을 회장님 회사에서 한다든가 꼬리 물기처럼 돈 잘 버는 회사가 다시 회장님 회사에 많은 돈을 투자해서 사업을 밀어주는 경우도 있다. 기초 편에서 살펴본 밀어주기, 몰아주기, 통행세와 같은 재벌법이 주로 이용된다. 중급 편은 이런 기초를 이용하는 일종의 '응용 편'이라고 할 수 있다. 가끔 회계상으로만 크게 보이려고 하는 경우도 있는데, 이건 꽤 위험해서 웬만큼 대담한 사람들이 아니면 쓰지 않는다. 하지만 이 방법을 썼다고 의심받고 있는 사건의 재판이 2020년에도 진행 중에 있다.

구체적으로 어떻게 하는 것인지 치킨코리아를 통해 배워 보자. 기억을 되짚어 보면 치킨코리아는 재원이 70%, 영미가 30% 지분을 가진 회사다. 그리고 치킨코리아에 식용유를 공급하는 좋은기름㈜는 재원의 부인 지혜가 100% 지분을 갖고 있다.

치킨코리아는 매년 성장해서 연 매출액 100억 원에 10억 원의 이익을 남기는 우량 회사가 되었다. 회사의 가치는 현재 100억 원 정도다. 좋은기름㈜도 치킨코리아가 성장하자 더욱더 많은 식용유를 공급하게 되어 매출액이 증가했고, 치킨코리아라는 고정 고객을 발판으로 다른 가게에도 식용유 공급을 꾸준히 늘려서 연 매출액 50억 원에 5억 원의 이익을 남기는 회사로 발전했다. 좋은기름㈜는 약 50억 원의 가치로 평가되었다. 그런데 어느 날 재원이 이런 제안을 내놓았다.

"식용유는 치킨의 맛을 결정하는 중요한 재료이니 핵심 중간재를 공급하는 좋은기름㈜와 회사를 합치면 좋겠어."

이 제안이 합당하다고 생각한 치킨코리아 사장 우현은 좋은기름㈜와 합병을 추진한다. 합병하려면 두 회사 주주의 3분의 2 이상이 찬성해야 한다. 치킨코리아는 재원이 70% 주주이고, 좋은기름㈜는 지혜가 100% 주주면서 사장이기도 하니 합병 안건은 두 회사에서 모두 쉽게 통과됐다. 이제 치킨코리아와 좋은기름㈜는 합병해서 '치킨코리

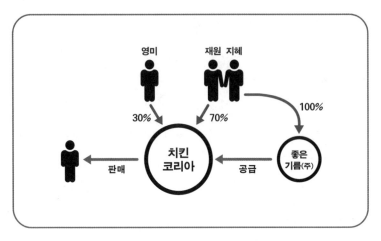

[그림 11] 치킨코리아와 좋은기름㈜의 관계도는 이렇다.

아그룹'으로 이름을 바꾸고 세계 진출을 선언했다. 합병으로 재원, 지혜, 영미가 모두 치킨코리아그룹의 주주가 됐다. 그렇다면 지분율은 어떻게 바뀌었을까?

· 합병 전

   치킨코리아(100): 재원 70%, 영미 30%

   좋은기름(50): 지혜 100%

· 합병 후

   치킨코리아그룹: 재원 46.7%(70/150), 영미 20%(30/150),

   지혜 33.3%(50/150)

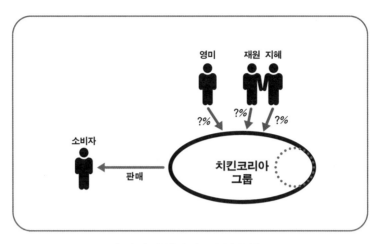

[그림 12] 합병 후 지분율은 어떻게 바뀔까?

　모든 사람의 지분율이 줄었다. 회사의 합병에서 '1 더하기 1은 커다란 1'이기 때문에 당연한 일이다. 그런데 조금 달라진 점이 있다. 재원과 지혜의 지분율을 더해 보자. 재원은 46.7%, 지혜는 33.3%이므로 재원 부부의 지분율은 80%가 되고 영미는 20%가 된다. 재원 부부는 같은 가족이므로 한 주머니와 같다.

　정리하면, 합병 후 재원의 지분율은 10%p 늘었고 영미의 지분율은 10%p 줄었다. 지금까지 치킨코리아의 이익 중 70%가 재원에게, 30%는 영미에게 배당되었는데 앞으로는 치킨코리아그룹의 이익에서 80%가 재원 부부에게 배당되고, 영미 몫은 20%로 줄어들 것이다. 재원의 시각에서 읽고 있던 사람은 이 결과에 눈이 번뜩일 것이고, 영미에 빙의하여 읽고 있던 사람은 화가 날 것이다. 우현의 관점에서라면 '내가 무슨 일을 한 거지?'라고 생각할지 모른다. 치킨코리아의 사업이 잘되어서 좋은기름㈜도 같이 성장한 것뿐인데, 대체 왜 이렇게 된 것일까?

이유는 질량 보존의 법칙처럼 명확하다. 돈은 물과 비슷하니 물에 비유해 보자. 소비자로부터 흘러 들어온 물(매출)은 치킨코리아라는 플라스크로 들어가 채워진다. 그 물은 생닭이나 식용유라는 관을 통해 나가는데(비용), 넘치는 부분(이익)은 재원과 영미라는 빨대를 타고 올라간다(배당). 식용유라는 관은 좋은기름㈜라는 플라스크로 연결되어 있고 관을 통해 들어온 물이 어느 선을 넘으면, 거기부터는 지혜라는 빨대로 타고 올라간다. 그런데 알고 보니 재원의 빨대와 지혜의 빨대는 다시 하나의 비커로 모이고 있었다. 치킨코리아 플라스크와 좋은기름㈜ 플라스크를 합쳐서 치킨코리아그룹이라는 큰 플라스크로 바꿨을 때 비로소 재원의 빨대와 지혜의 빨대가 하나의 비커로 들어가는 것이 모두 보였다. 그러나 사실 치킨코리아로 흘러 들어간 물은 예전부터 좋은기름㈜와 지혜의 빨대를 거쳐 재원 부부의 비커로 모이고 있었다.

이것은 '부풀려서 붙이기'의 첫 번째 단계인 '부풀리기'를 위해서 몰아주기 재벌법을 쓴 예다. 하지만 기억력이 꽤 좋은 사람은 좋은기름㈜에 실제로 식용유를 대는 곳은 기존 업체 그대로였다는 사실이 떠오를 것이다. 그렇다면 이것은 엄밀하게 '몰아주기'가 아니라 '통행세' 재벌법을 이용한 사례가 된다. 실제로도 몰아주기와 통행세 기법은 마치 스트리트파이터의 필살기처럼 주로 동시에 쓰인다. 만약

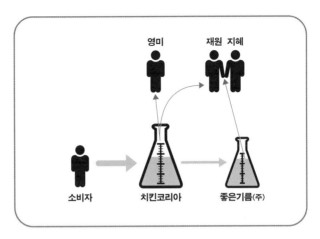

[그림 13] 재원과 지혜에게로 물이 어떻게 흘러 들어가는지 보자.

좋은기름㈜의 식용유 가격을 시장보다 높게 쳐주었다면 '밀어주기'까지 함께 이용한 '쓰리콤보'가 된다.

'부풀리기'를 배웠으니 이제 두 번째 단계인 '붙이기'를 배워 보자. 붙이기 그러니까 합병은 법에 적힌 절차를 따르면 되기 때문에 어렵지 않다. 다만 붙이기 전에 해야 하는 사전 작업이 있다. 여기서 회장님 회사와 붙이려는 회사는 이른바 '잘나가는' 회사다. 회장님은 돈을 잘 벌어서 자회사를 많이 가졌거나 다른 회사에 투자를 많이 한 커다란 회사와 합병해 상당한 지분을 확보하고 싶기 때문이다. 이런 곳은 보통 회장님 회사보다 기업 가치가 훨씬 크기 때문에 회장님 회사가 아무리 덩치를 부풀린다 해도 합병 이후 회장님이 눈에 띄게 많은 지분을 가지기 어렵다. 그런 이유로 회장님 회사와 붙이려는 회사를 작게 만들 필요가 있다. 작아지지 않는다면 적어도 작게 '보이도록' 해야 한다.

회사를 작게 만든다는 것은 무슨 뜻일까? 사무실을 줄이거나 사람을 해고한다는 의미가 아니다. 회사의 가치는 돈을 잘 벌수록 커진다. 반대로 돈을 못 벌면 회사의 가치는 떨어진다. 돈 버는 사업을 하지 않으면 회사의 덩치는 작아진다. 사업을 슬렁슬렁해도 마찬가지다. 적어도 외부인이 보기에 이 회사가 돈을 못 벌고 있다고 생각하도록 만들어야 한다. 그러니 큰돈을 벌 수 있는 호재가 생겨도 꼭꼭 숨긴다. 회사에 큰 사고가 나면 널리 알리고 심각한 악재가 터진 것처럼 오히려 더 과장한다. 물론 그렇다고 회사의 돈 버는 능력 자체가 없어지는 것은 아니니 오랜 기간 그렇게 할 수는 없다. 잠시만 못하는 척을 하는 것이다. 스펀지를 꽉 쥐었다가 손을 펴면 다시 원래 크기로 돌아올 수 있도록.

회장님 회사는 열심히 부풀리고, 붙일 회사는 계속 작게 만든 다음 적당한 시기에 붙이는 것이 비법이다. 잘못하면 붙이려는 회사가 아예 쪼그라들 수 있고 회장님 회사를 무리하게 부풀리면 자칫 터질 수 있다. 부당거래법과 같은 재벌(을 규제하는) 법을 위반하게 된다는 뜻이다. 무리하지 않고 시간과 속도를 잘 조절하는 것이 바로 합병 시점의 '예술'이다.

- - - - -

이제 분할로 넘어가 보자. 합병은 작은 빨간색 덩어리를 크게 만들고 큰 파란색 덩어리를 작게 만들어서 합친 후, 빨간색에 가까운 보라색 덩어리로 만드는 방법이다. 그럼 분할은 무엇일까? 원래 보라색인 덩어리라면 2개로 나누어도 보라색이어야 한다. 그런데 주식회사의 분할에서는 놀랍게도 이 보라색 덩어리를 다시 빨간색과 파란색 둘로 나눌 수 있다. 여기에 비법이 숨어 있다.

1998년, IMF 이후 부당거래법이 막 생길 때 같이 생긴 회사 분할 제도는 그 자체로 이용되기보다는 합병을 포함한 재벌(이 돈 버는 방)법을 위한 사전 준비 작업으로 활용된다. 보라색을 깔끔하게 빨강과 파랑으로 나눌 수 있다는 주식회사 분할의 특징 때문이다. 우선 기본 개념을 배워 보자.

회사 분할 방법에는 두 가지가 있다. 하나는 마치 플라나리아를 둘로 나누면 눈이 다시 두 개 생기듯 주주 지분율이 똑같이 유지되면서 분할되는 '인적 분할'이고, 다른 하나는 얼굴에 혹이 하나 생기듯 원래 회사의 100% 자회사로 분할되는 '물적 분할'이다.

그런데 이 분할 방법들은 모두 재벌(이 돈 버는 방)법으로 이용되기 어렵다. 합병의 마법에서 보듯 회장님은 지분율이 한 방에 높아지기를 원하는데, 인적 분할의 경우 아무리 쪼개도 주주들의 지분율이 똑같은 미니 회사들이 생길 뿐이고(정말 플라나리아 같다), 물적 분할은 아무리 쪼개도 회사가 100% 지분을 갖는 자회사들만 생길 뿐이다.

즉 인적 분할을 하든 물적 분할을 하든 그 자체만으로는 '회장님 회사'를 만들 수 없다. 그런 탓에 사전 준비 작업으로 주로 이용되는 것이다.

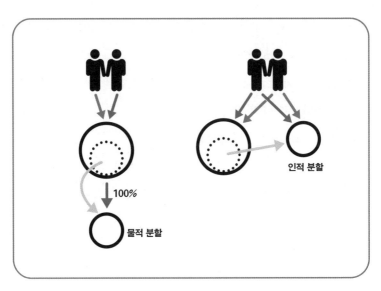

[그림 14] 그림으로 보는 물적 분할과 인적 분할.

회사 쪼개기에 관해서는 한 가지만 알고 다음 장으로 넘어가면 된다. 회사를 쪼갤 때 어떻게 나눌지 '회사 마음대로 할 수 있다는 점'이다. 회사를 분할하고자 한다면, 회사 스스로 '분할 계획서'라는 것을 쓰고 그 계획서대로 이행하기만 하면 된다. 대부분의 회사 안에는 여러 종류의 사업이 뒤섞여 있다. 치킨코리아가 사업이 잘되어서 햄버거, 피자, 중식당, 뷔페 사업도 하게 되었다고 가정해 보자. 회사를 분할할 때 전망이 좋은 사업부와 부진한 사업부로 나눠서 전망 좋은 사업을 A사로, 부진한 사업을 B사로 몰아줄 수 있다. 'A사는 치킨, 햄버거 사업을 한다. B사는 피자, 중식당, 뷔페 사업을 한다'라는 내용을 분할 계획서에 적으면 끝이다.

중요한 건 회사 내에는 어느 사업부에 귀속된다고 딱히 볼 수 없는 재산이 많다는 사실이다. 치킨코리아 본사 사옥 내에 강당이 있고, 그 안에 의자가 1000개 있다고 치자. 그렇다면 이 의자들은 치킨 사업부 것일까, 피자 사업부 것일까? 이것을 누가 판단할 수 있을까? 공동으로 쓰는 물건들은 분할 계획서를 쓸 때 어디에 속한다고 적기만 하면 된다. 회사는 그 재산을 기존 회사 또는 분할로 신설되는 회사 중 어느 회사에 줄 것인지 마음대로 정할 수 있다. 만약 회사가 다른 회사에 투자해서 주식을 갖고 있다면 그 주식은 어느 사업부의 것일까? 그것 역시 적당히 어느 사업부의 것이라고 계획서에 명시하면 된다. 이렇게 조립된 레고 블록을 쪼개고 다시 조립하듯, 기존 회사의 재산을 마음대로 나누어서 새로 생기는 회사로 구성하는 것이 회사 분할의 비법이다.

그리고 이때 가장 주목해야 할 것이 있는데, 바로 '자기주식'이다.

중급 2단계: 자기주식 이용하기

자기주식은 무엇일까? 주식도 겨우 알게 되었는데, 자기주식이라니. 머리에 쥐가 날 것 같더라도 중급 편 마스터를 위해 일단 따라가 보자. 자기주식, 이른바 자사주自社株를 이해하는 것은 실전 재벌법을 익히기 위해 꼭 넘어야 할 산이다.

만약 여러분이 친구에게 돈 10만 원을 빌려줬다면 여러분에게는 그 돈을 받을 '권리'가 있다. 법적으로 여러분이 채권자가 되고 친구는 채무자다. 그런 후에 여러분이 친구에게 돈 10만 원을 빌리게 되었다면? 여러분과 친구 사이의 돈 문제는 어떻게 해결해야 할까? 친구가 여러분에게 빌린 10만 원을 갚고, 여러분이 친구에게 빌린 10만 원을 따로 갚아야 할까? 아마 두 사람은 이렇게 말할 것이다.

"그냥 퉁치자."

10만 원을 빌려줬고, 다시 10만 원을 빌린 것이니 당연한 결과다. 뒤에 빌린 10만 원은 빌린 게 아니라 전에 빌려준 것을 갚은 거라 해도 상관없다. 그냥 계산으로 끝내면 된다. 이것을 법률 용어로 상호 계산, 줄여서 '상계'라 한다. 당사자들끼리 복잡하게 두 번 거래할 것 없이 더하기 빼기로 계산해서 끝내는 것이다. 이렇게 상계를 할 때는 구두로라도 반드시 확인 절차를 거쳐야 한다.

이런 경우는 어떨까? 여러분이 월세 100만 원을 내고 어떤 집에 살고 있다가 열심히 저축을 해서 결국 그 집을 사게 되었다. 구입 후에 여러분은 자신에게 월세를 낼 필요가 있을까? 당연히 월세 100만 원을 여러분이 소유한 ○○은행 계좌에서 자신의 △△은행 계좌로 송금한 뒤, 스스로에게 '월세 입금하였습니다. 감사합니다'라고 문자 메시지를 보낼 필요는 없다. 이때는 여러분이 집을 사는 동시에 자동으로 월세를 낼 의무가 사라진다. 이것을 법률 용어로 '혼동'이라고 한다. 채권과 채무가 같은 사람에게 섞여 버렸으므로 법적 관계를 소멸시키겠다는 뜻이다.

이렇게 '눈에 보이지 않는' 권리는 권리자와 의무자가 같은 사람이 되면 혼동의 효과 때문에 자동으로 사라진다. 그런데 이 권리를 '종이에 적어 놓으면' 그렇지 않다. 예를 들어 여러분이 '나 ○○○은 이 증서를 갖고 있는 사람에게 매월 100만 원을 주겠음'이라고 종이에 적은 뒤, 도장을 찍은 다음 '월세 증권'이라고 적어서 집주인에게 주었다고 가정해 보자. 어느 날 집주인이 이 증권을 다른 사람에게 팔

왔고 다시 또 다른 사람에 팔렸다가 나중에 어쩌다 보니 여러분의 손에 들어왔다면 어떻게 될까? 즉 여러분은 100만 원을 줘야 하는 사람인 동시에 이 증권의 소지자여서 100만 원을 받을 사람이 되어 버렸다. 이때 여러분은 100만 원을 자신에게 줘야 할까? 원칙적인 답은 '그렇다'다.

이유는 간단하다. 종이에 권리와 의무를 적어 둔 것을 '증권'이라 하는데 증권은 원래 다른 사람과 쉽게 권리를 사고팔 수 있도록, 다시 말해서 권리가 유통될 수 있도록 만든 것이다. 그래서 우연히 의무자가 증권을 갖게 된다 하여도 자동으로 권리가 소멸되지 않는다. 그 사람이 다른 사람에게 다시 팔 수도 있기 때문이다. 좀 우스운 상황이긴 하지만 여러분이 '월세 증권'을 갖고 있는 동안에는 자신의 ○○은행 계좌에서 △△은행 계좌로 월 100만 원씩 송금해야 한다.

이런 쓸데없는 일을 하고 싶지 않다면 어떻게 하면 될까? 증서를 태워 버리면 된다. '월세 증권'을 태우면 여기에 쓴 권리는 재가 되어 사그라진다. 이것을 법률 용어로 '소각'이라 한다. 물론 반드시 태워야 하는 것은 아니므로 그냥 찢어 버려도 상관없다.

- - - - -

주식은 증권이다. 발행한 회사가 이익을 내면 배당금도 주고, 주주총회에서 한 표를 행사할 수 있는 권리도 주고, 상법에 적힌 어쩌고저쩌고하는 수많은 권리를 주겠다는 내용이 적힌 종합 상품권이다. 자기주식은 주식을 발행한 회사가 자신이 발행한 주식을 다시 사서 갖는 것이다. 자기 회사의 주식이라는 뜻으로 '자사주'라고도 불린다. 여러분이 스스로 쓴 '월세 증권'을 다시 산 것과 비슷한데, 주식에 쓰인 권리가 월세 증권처럼 단순하지는 않다.

원래 우리나라에서는 주식회사가 자기주식을 갖는 것이 금지되어 있었다. 어쩌다가 갖게 되면 바로 소각해야 했다. 이유는 다음과 같은데, 사업에 필요한 돈을 투자받고 그 대가로 주주에게 주식을 발행한 회사가 다시 그 주식을 사 오려면 투자받은 돈을 돌려줘야 한다. 돈을 돌려준다는 것은 사업에 필요한 최소한의 돈조차 회사에 남지 않을 수 있다는 뜻이다. 사람들이 주식회사에 투자하는 것은 개인사업자보다 믿을 만하다고 생각해서인데, 그런 주식회사가 돈이 하나도 없는 껍데기여서는 안 되지 않는가. 이것이 법을 만든 사람들의 생각이었다. 그때는 주식회사를 설립하려면 최소 5000만 원[12]이 있어야 했고, 무려 7명이 발기인으로 참여해야 했던 시절이다(지금은 최소 자본금과 발기인 제한이 없기 때문에 단 한 명이 100원만 가지고도 주식회사를 만들 수 있다). 회사 이름의 앞이나 뒤에 ㈜라는 표시를 다는 것이 지금보다 훨씬 '있어 보이는' 때였다.

회사가 자기주식을 사는 것은 회사에 돈이 없어지는 것 외에도 여러 문제를 발생시킬 수 있다. 먼저 주식 투자의 관점에서 살펴보자. 회사는 당연히 회사 내부 정보를 가장 잘 알고 있다. 외부 투자자들보다 훨씬 내부 정보를 많이 아는 사람이 자기주식을 사고팔면서 시세 차익을 남긴다면, 외부 투자자들은 회사가 사고파는 대로 따라 할 수밖에 없다. 시장에 대혼란이 올 것이다. 또 주식에는 회사의 의사 결정에 참여하는 의결권이 있다는 점도 고려해야 한다. 회사가 자신이 원하는 경영상 결정을 위해서 주주총회에 안건을 올릴 경우, 자기주식을 갖고 있다면 그것으로 찬성표를 던질 것이다. 자기주식을 갖고 있으면 주주총회가 왜곡되는 문제가 생긴다.

이런 이유로 회사가 자기주식을 갖는 것을 오랫동안 법적으로 금지했다. 상장회사가 자기주식을 갖는 것이 허용된 건 1994년부터다. 전체 지분의 10% 내에서, 또 회사가 번 돈에서 비용을 빼고 잉여금이 있을 때 가능하다는 조건이었다.[13]

자기주식 취득이 허용된 데는 이런 배경이 있다. 1990년대 미국 증권시장에서는 주가를 높이는 방법으로 자기주식 취득을 주로 이용했다. 당시 미국에서 공부하고 일하던 사람들이 그것을 보고 한국으로 돌아와 이런 좋은 제도는 우리나라에도 있어야 한다며 끈질기게 제안한 끝에 비슷한 제도가 만들어진 것이다. 그리고 2011년에는 지속적인 요청이 받아들여져 비상장회사에도 자기주식 취득이 허용됐다. 이때부터 사업을 잘해서 잉여금이 있는 회사는 절차만 지키면 제한 없이 자기주식을 쟁여 둘 수 있게 됐다.

- - - - -

2011년, 이때 무슨 일이 있었는지 앞서 본 재벌법 연대표를 한번 떠올려 보자. 마법의 회사 주주들이 낸 손해배상 소송에서 대부분 기각 판결이 나오고 이런 마법의 회사 금지법이 상법에 도입된 해다. 다음 해인 2012년에는 부당거래법에 새로운 규정이 도입됐고, 대대적인 부당거래 단속이 시작되었다. 재벌법의 2차 파상공세가 몰아치던 바로 그때 자기주식은 재벌(이 돈 버는 방)법을 위한 새로운 전략의 열쇠가 되었다.

미국에서 회사가 자기주식을 취득하는 가장 큰 이유는 주가 상승을 위해서다. 하지만 자기주식의 취득이 허용되지 않던 때, 우리나라의 재벌을 포함한 '재계'에서 주식회사의 자기주식 취득을 허용해 달라고 한 가장 큰 이유는 '경영권 방어'를 위해서였다. 회사가 자기주식을 취득하면 왜 주가가 오르고 어떻게 경영권 방어가 되는 걸까?

첫째로 주가가 오르는 것은 쉬운 원리다. 회사가 직접 자기 회사의 주식을 사면 시장에 공급되는 주식의 수가 줄어든다. 수요와 공급의 법칙에 따라서 그만큼 가격이 오르는 것이다. 둘째, 경영권 방어는 어떤 의미일까? 앞서 걱정한 것처럼 자기주식으로 항상 찬성표를 던질 수 있기 때문은 아니다. 이런 문제를 방지하기 위해 처음부터 회사는 취득한 자기주식에 대해 의결권을 행사할 수 없도록 되어 있다.[14] 그렇다면 경영권 방어는 어떻게 이루어지는 걸까?

예를 들어 계속 투자를 받아 성장한 치킨코리아가 주식을 모두 10만 주 발행했고, 그중 재원의 지분이 45%가 되었다고 가정해 보자. 의결권 10만 표 중 4만 5000표가 재원의 것이다. 재원의 지분은 과반수가 아니므로 이사 선출과 같이 중요한 문제를 자신의 마음대로 할 수 없다. 물론 지금은 우현이 대표이사로 있지만 다음 주주총회에서 나머지 55% 주주들이 모두 그를 반대한다면 다른 사람이 대표이사가 될 수도 있다. 이때 치킨코리아가 자기주식 1만 주, 그러니까 전체 주식의 10%를 취득한다면 어떻게 될까?

1만 주에 대해서는 의결권이 없어지고, 지분율을 계산하는 분모(즉, 발행 주식 총수)에서 빠진다.[15] 원래 재원은 4만 5000주를 갖고 있어서 전체 10만 주 중 45%를 가졌는데, 회사가 자기주식을 취득하자 전체 9만 주 중 4만 5000주, 비율로 따지면 50%의 의결권을 행사할 수 있게 된다. 재원은 회삿돈으로 자신의 지분율을 5% 높인 것과 똑같은 효과를 누리게 됐다. 50%는 과반수가 아니니 회사가 자기주식을 1주 더, 즉 1만 1주를 취득하면 재원의 지분율은 과반수가 된다.[16] 이제 재원은 자기가 원하는 사람을 대표이사 자리에 앉힐 수 있다. 경영권 방어에 성공한 것이다.

그런데 이것보다 더 효과적인 방법이 있다. 회사가 자기주식 1만 주를 취득한 다음, 재원이나 돈 많은 재원의 친구에게 파는 것이다. 이때 친구는 재원을 지지하는 사람이어야 한다. 그러면 지분율은 어떻게 될까? 원래 45% 지분을 가진 재원은 회사가 자기주식 1만 주를 취득하자 의결권 50%를 갖는 것과 같아졌다. 그다음 치킨코리아가 가졌던 자기주식 1만 주를 재원의 돈 많은 친구에게 팔자 그 친구는 바로 10% 의결권을 행사할 수 있게 됐다. 결과적으로 재원과 재원이 친구의 의결권을 합치면 55%가 된다(60%가 아니다. 재원의 의결권도 다시 45%로 줄어들기 때문이다). 이런 효과 때문에 현실에서 주로 이용되는 방법은 바로 이 두 번째다. '알쓸신잡'으로 한 가지 상식을 추가하면, 이때 재원의 친구와 같은 사람을 백기사white knight라고 부른다. 경영권을 빼앗길 수 있는 상황에서 구출해 주는 정의의 사도라는 뜻으로 1980년대 미국에서 썼던 용어다. 흑백으로 가치관을 표현하지 않는 요즘 시대에는 잘 맞지 않지만 신문의 경제면에는 종종 등장한다.

자기주식은 이렇게 회사의 경영권을 가진 최대주주, 즉 회장이 회삿돈으로 자신의 지분율을 더 높이는 경영권 방어 수단으로 이용되기 시작했다. 자기주식은 마치 새로 발견된 놀라운 금속 티타늄 같았다. 2011년, 한쪽에서 부당거래법의 공세가 높아질 때 다른 한쪽에서는 회장을 위한 새로운 방패의 재료가 주어졌다.

하지만 이는 본격적인 재벌(이 돈 버는 방)법이라고 할 수 없다. 회삿돈으로 회사에 대한 자신의 영향력, 즉 경영권을 지킬 수는 있지만, 엄밀히 말해 '돈을 버는' 방법은 아니니 말이다. 자기주식으로 마법을 부리려면 회사 분할과 자기주식을 한꺼번에 이용해야 한다. 다음 장에서 바로 그 방법, '지주회사의 마법'을 배워 보자.

중급 3단계: 지주회사로 마법 부리기

14

'순환출자'라는 말을 한 번쯤 들어 보았을 것이다. 정확한 뜻은 몰라도 21세기를 살고 있는 대한민국 사람에게 이 단어는 '재벌의 나쁜 행동' 정도로, 경제에 관심이 좀 있는 사람이라면 '적은 돈으로 많은 것을 갖는 재벌의 나쁜 지배구조' 정도로 다가올 것이다. 순환출자는 그간 적은 돈으로 많은 권한을 누리는 방법의 대명사처럼 여겨지곤 했다.

그 반대말을 꼽아 보라고 했을 때 가장 많이 나올 단어는 '지주회사'일 것이다. 역시 정확한 의미와는 상관없이 왠지 지주회사는 좋은 것이라는 생각이 널리 퍼져 있다. 그 이유는 아마도 지난 20여 년 동안 정부가 재벌 대기업 그룹에 지주회사로 바꾸라는 요구를 계속해 왔고, 재벌은 지주회사로 바꾸는 것을 불편해하는 것처럼 언론에 비

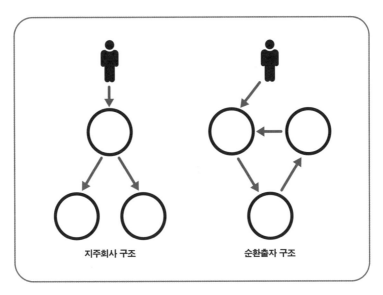

지주회사 구조   순환출자 구조

[그림 15] 지주회사와 순환출자의 구조를 그림으로 살펴보자.

쳤기 때문일 것이다. 표현 자체도 '순환출자 해소'와 '지주회사 전환'
이라 하기 때문에 전자는 해소가 필요한 나쁜 것, 후자는 좋은 쪽으
로 개선되는 것이라고 여겼던 탓이다. 이런 구도로 오랜 시간이 흐르
자 사람들의 머릿속에서 순환출자는 절대 악, 지주회사는 절대 선이
라는 흑백논리가 뚜렷해졌다.

   하지만 놀랍게도 1998년까지는 지주회사가 '악'으로 치부됐다. 이
때까지 생생하게 살아 있었던 공정거래법 조문을 보자.

> **(1998년) 독점규제 및 공정거래에 관한 법률 제8조 (지주회사의 설립금지등)** ①
> 누구든지 주식의 소유를 통하여 국내회사의 사업내용을 지배하는 것을 주된
> 사업으로 하는 회사(이하 "지주회사"라 한다)를 설립할 수 없으며 이미 설립된
> 회사는 국내에서 지주회사로 전환하여서는 아니 된다.

조문에 따라 우리나라에서는 지주회사를 설립할 수 없었는데, 1999년 대반전이 일어났다.

> **(1999년) 독점규제 및 공정거래에 관한 법률 제8조 (지주회사 설립·전환의 신
> 고)** 지주회사를 설립하고자 하거나 지주회사로 전환하고자 하는 자는 대통
> 령령이 정하는 바에 의하여 공정거래위원회에 신고하여야 한다. [전문개정
> 1999.2.5]

이런 일은 흔하지 않다. 어제까지 엄격하게 금지되던 일이 오늘부터 적극 권장된다면 사람들이 헷갈릴 수 있다. 개정과 동시에 정부는 재벌 대기업 그룹들한테 갑자기 지주회사로의 전환을 적극 권장하기 시작했다. 그 과정에서 내야 하는 세금도 많이 깎아 주고, 납부를 연기해 주기까지 했다. 갑작스럽게 얼굴을 바꾸는 정부의 태도에 재벌

대기업 그룹들은 이것이 진심인가 의심도 되고, 또 언제 생각이 바뀔지 몰라 눈치를 볼 수밖에 없었다. 지주회사가 대체 무엇이기에, 또 1998년 즈음 어떤 일이 있었기에 이런 손바닥 뒤집기 식의 정책 변경이 있었던 것일까? 짐작했겠지만, 1997년 IMF 구제금융 사태와 깊은 관련이 있다.

- - - -

심화 학습을 한번 해 보자. 지주회사란 사업은 하지 않고 다른 회사의 주식만 갖고 있거나(순수 지주회사) 적어도 재산의 50% 이상이 다른 회사의 주식으로 되어 있는 회사(사업 지주회사)를 말한다. 영어로는 'holding company'라고 하는데 이쪽이 이해가 조금 더 쉽다. 다른 회사를 갖고 있기 위해 만든 회사라는 뜻이다. 먼저 우리가 알고 있는 상식을 깰 필요가 있다. 주식회사의 400여 년 역사 중에서 회사가 다른 회사의 주식을 가질 수 있게 된 것은 얼마 되지 않은 일이다.

19세기 후반으로 거슬러 올라가 보면, 미국에서는 남북전쟁(1861~1865)이 공업 지역인 북부의 승리로 끝나고, 석유의 발견과 철도의 발전으로 자본주의가 전에 없던 속도로 성장하고 있었다. 이때까지는 회사가 다른 회사의 주식을 소유한다는 것을 상상할 수조차 없었다. 주식회사의 주식은 회사와 같은 법인이 아닌 개인, 법적 용어로는 '자연인'인 진짜 사람만 가질 수 있었다. 회사는 실체가 없고 어떻게 보면 개인이 돈을 넣어 둔 '주머니'에 불과한데, 그 주머니의 돈

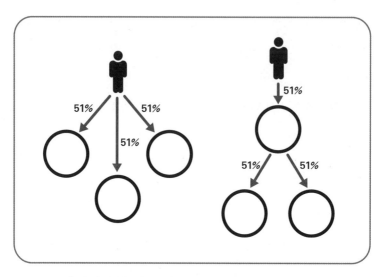

[그림 16] 회사가 회사의 주식을 소유할 때, 자본의 공동화가 이루어진다.

이 다시 다른 회사의 주머니로 들어간다면 맨 처음에 돈을 낸 사람은 같은 돈으로 두 회사의 주식을 갖는 것과 똑같은 효과를 거두게 된다. 이런 효과는 원칙적으로 불가하다고 생각하던 때였다.

그런데 1889년 미국 뉴저지주에서 '지주회사법Holding Company Act'이 만들어지면서 이런 원칙이 깨져 버렸다. 지금도 있는 설리번 앤 크롬웰Sullivan & Cromwell이라는 유명한 미국의 대형 로펌의 변호사들이 고안해 낸 법이었다. '회사도 당연히 다른 회사의 주식을 가질 수 있다'는 놀라운 발상의 전환이 이루어지면서 미국의 회사들이 대거 뉴저지주로 본사를 옮기는 일이 벌어졌다. 미국은 연방 국가이고, 회사에 관한 법은 주마다 다르기에 본사가 어디에 있느냐에 따라 해당

주의 법을 적용받는다. 회사가 다른 회사의 주식을 가질 수 없는 주에서는 여러 회사가 경영권을 일사불란하게 움직여 시장을 독점하기 위해서 그 회사들의 주식을 어떤 한 사람에게 맡기는 '신탁trust'이 이용되었다. 하지만 여러모로 불편한 제도인 신탁 대신 지주회사가 도입되자 너도나도 뉴저지주로 본사를 옮겨 최신 트렌드인 지주회사를 만들기 시작했다. 대표적인 회사로는 당시 미국 석유 시장을 독점하고 있던 록펠러John D. Rockefeller의 스탠더드오일Standard Oil Company of New Jersey이 있다. 뉴저지 러시가 벌어진 이유는 사실 편리한 시장 독점을 위해서였다.

기업의 문어발 확장을 도와주는 방법이었기 때문에 초기만 해도 지주회사는 경계의 대상이 됐다. 우리나라 재벌 대기업 그룹에 붙은 '문어'라는 별명은 100여 년 전 지주회사 구조를 가졌던 미국의 독점 기업들에 이미 붙여진 바 있었다. 그리고 문어의 '끝판왕'이었던 록펠러의 스탠더드오일은 반독점법 위반으로 미국 대법원에 의해 해체되는 운명을 맞게 되었다.

제2차 세계대전 이전 일본의 재벌인 자이바쓰 역시 지주회사 형태로 사업을 확장하다가 종전 후 미국에 의해 해체된 적이 있다. 당시 미국은 일본에 독점규제법을 도입하면서 지주회사를 금지했다. 자이바쓰가 정경유착을 한 것이 전쟁의 원인 중 하나라고 보았기 때문인데, 그 영향으로 우리나라의 공정거래법에서도 지주회사를 금지하게 된 것이다. 이쯤에서 한번 생각해 보자. 지금은 너무 좋다며 장려되는 것이 예전에는 금지됐다면, 대체 어떤 점 때문에 권장되었고 어떤 점 때문에 금지되었던 것일까?

첫째로 회사가 다른 회사의 주식을 소유하지 못하는 경우를 생각해 보자. 이때 한 명의 개인이 많은 회사를 가지려면 회사를 창업하고 해당 회사를 통해 벌어들인 돈을 개인적으로 받아 온 다음, 그 돈을 투자해서 또 다른 회사를 세우거나 인수해야 한다. 이런 방법에는 두 가지 단점이 있다. 일단, 세금을 더 내야 한다. 주주가 회사에서 돈을 받는 방법에는 배당과 급여 두 가지가 있는데, 배당은 법인세를 내고 나서 또 소득세를 내는 것이라 어차피 둘 다 비슷하다. 배당금으로든 급여로든 회사를 가진 개인이 다시 자기 돈으로 회사를 설립하려면 회사에서 돈을 받을 때 세금을 내고, 그 돈을 투자해 다른 회사를 설립할 때 또 세금을 내기 때문에 세금이 두 번 부과된다.

두 번째 단점은 관리가 어렵다는 것이다. 한 명의 개인이 너무 많은 회사의 대주주가 되면, 그 회사의 의사 결정 과정에 모두 참여할 수도 없고 다른 사람에게 투자를 받을 때도 회사별로 번거로운 절차를 거쳐야 한다. 만약 여러분이 12개의 회사를 운영하고 있는데 누가 그 모두에 투자하고 싶어 한다면, 12개 회사에 각각 투자 절차를 거쳐야 한다는 얘기다.

그런데 회사가 자기 회사 혹은 다른 회사의 주식을 가질 수 있게 되면 상황은 완전히 달라진다. 회사 하나의 주식만 갖고 있으면, 한꺼번에 수십 개의 회사를 묶어서 가질 수 있고 세금도 절약할 수 있으

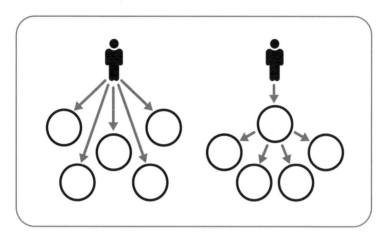

[그림 17] 지주회사는 이리저리 연결되어 있는 구조를
하나만 끌면 다 끌려오는 구조로 간명하게 정리해 준다.

며 무엇보다 회사들을 일사불란하게 움직이는 것이 가능해진다. 그
리고 회사 전체를 다른 사람에게 팔 때도 절차가 훨씬 간편해진다.
지주회사 주식만 넘기면, 지주회사가 주식을 갖고 있는 회사의 주식
전체를 넘기는 것과 똑같기 때문이다. 관점을 조금 틀어서 보면, 자식
에게 회사 전체를 물려주는 것도 한결 편리해진다.

어떤 회사가 사업을 통해 벌어들인 돈으로 신사업을 할 때 회사
를 하나씩 세워서 순서대로 다른 회사의 주식을 소유한다면, 회사들
의 관계는 피라미드 같은 형태가 된다. 먼저 만들어진 회사가 잉여금
으로 신사업에 진출하기 위해 회사를 세우면 자회사가 되고, 또 다른
사업을 하기 위해 새로운 회사를 세우면 자회사 두 개가 생기며, 그
자회사들이 또 열심히 돈을 벌어서 신사업에 진출하려고 회사를 세

우면 손자회사들이 생긴다. 이렇게 피라미드 구조로 회사가 생기는 것이 일반적인 형태다.

그런데 다른 사업을 빨리 하고 싶다면, 관계가 복잡해지는 것을 감수해야 한다. 차근차근 번 돈으로 새 회사를 설립하는 것이 아니라 이미 사업을 하고 있는 다른 회사를 인수해서 해당 사업을 하려고 하면 막대한 돈이 든다. 이제 막 부화한 병아리를 사는 것이 아니라 장성한 닭을 사는 것이기 때문이다. 그러니 한 회사가 다른 회사를 인수할 때 혼자서 돈을 전부 부담하기는 어렵다. 여러 회사의 도움을 받아야 한다. 이렇게 한 회사가 다른 회사의 주식을 사 오고 싶은데 충분한 돈이 없어서 계열회사들의 도움을 받으면 피라미드 구조가 깨지기 시작한다.

만약 모회사와 자회사 두 개가 있는데 큰 회사 하나를 인수하기 위해서 세 회사가 함께 돈을 댔다고 가정해 보자. 모회사와 두 개의 자회사가 모두 새로 인수한 회사의 주주가 된다. 그런데 새로운 회사를 인수하기 위해 네 회사가 함께 돈을 냈다면? 그리고 모회사에 돈이 부족해서 새로 인수한 회사가 돈을 내고 모회사의 주식을 인수했다면? 이제 지주회사-자회사-손자회사로 정렬되는 형태가 무너지고 계열회사들 사이에 지분 관계가 얽히고설키게 된다.

1970년대 이후 우리나라가 딱 그런 상황이었다. 정부 주도로 대기업 위주의 성장 정책이 빠르게 진행되었고, 얼마 되지 않는 은행 돈은 이른바 '될 놈'에게 몰아주면서 새로운 사업을 장려했다. 회사들

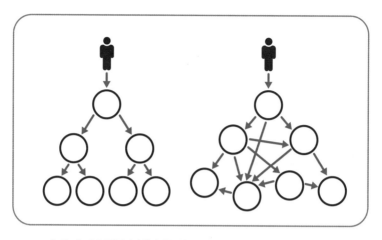

[그림 18] 여러 계열회사가 함께 인수, 합병 또는 새로운 회사 설립에 참여하게 되면, 피라미드 구조는 깨지고 복잡한 그물 구조로 바뀐다.

은 사업을 해서 벌어들인 잉여금으로 신사업을 한 것이 아니라 정부 가 밀어주는 사업(절호의 기회)을 잡기 위해 십시일반으로 여러 계열회 사에서 돈을 모아 냈다. 부족한 돈은 은행에서 빌려 왔다.

우리나라의 재벌 대기업 그룹이 지주회사가 아니라 순환출자, 이 른바 그물 구조로 지분 관계가 얽히게 된 이유는 지주회사를 '하고 싶지 않아서'가 아니었다. 그룹 내의 여러 계열회사에서 있는 대로 돈을 끌어다가 새로운 사업을 하다 보니 순환출자를 '할 수밖에' 없 었을 뿐이다.

다시 1999년 대한민국으로 돌아와 보자. 1997년 IMF 구제금융 사태를 겪은 정부가 법으로 금지되던 지주회사를 허용할 뿐 아니라 조속히 지주회사로 전환하라고 권장한 이유는 무엇이었을까?

당시 재벌 대기업들은 은행에서 상당한 돈을 빌려 왔으나 갚을 수 있는 사정이 안 되었다. 그 탓에 보유한 계열회사를 외국에 팔아서 돈을 만들어야 했다. IMF 구제금융 사태 전보다 거의 30배나 많은 외국 자본이 우리나라 회사를 사기 위해 몰려왔다. 하지만 대부분의 재벌 대기업 그룹은 복잡한 그물 구조인 순환출자 형태로 되어 있어 그중에서 회사 몇 개만 떼어 내 팔기가 쉽지 않았다. 팔려는 회사가 꼬리에 꼬리를 물고 다른 회사의 지분을 갖고 있어 그 회사만 분리해서 파는 게 불가능했으므로 여러 회사의 주식을 한꺼번에 파는 수밖에 없었다. 그래서 지분을 정리하여 연결되는 줄이 '하나'만 되도록 한 것이 지주회사 정책이었다. 환자를 수술하는데 조직을 잘못 절단해서 그 주변을 지나가는 다른 신경이나 핏줄을 건드릴 경우 생명이 위험해질 수 있다. 이것을 막기 위해 사전에 깔끔하게 정리하는 것이라고 비유할 수 있을까.

공식적으로는 '기업 구조 조정과 투명한 지배구조'를 위해서, 쉽게 말하면 다른 회사들에 영향을 주지 않고 회사 하나만 정결하게 분리해서 팔기 위해 지분 정리를 추진한 것이 당시 지주회사를 장려한 주요 이유였다.

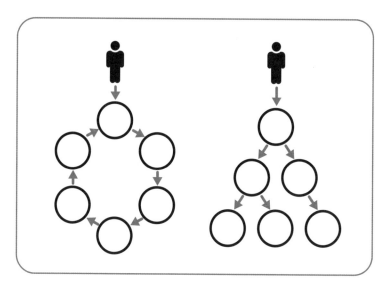

[그림 19] 왼쪽 순환출자와 오른쪽 지주회사의 구조를 비교해 보자.

하지만 지주회사 역시 100여 년 전 미국의 재벌이라고 할 수 있는 독점 기업들한테 환영받은 신문물이었다는 사실을 떠올려 보자. '적은 돈으로 여러 회사를 묶어 그 그룹 전체에 영향력을 미치는' 방법이라는 점에서 본질적으로는 지주회사도 순환출자와 같다. 특히 우리나라의 지주회사 제도는 상장회사인 경우 자기 회사의 지분을 20%만 소유해도 되기 때문에(비상장회사는 40%) 회장이 지주회사에 많은 돈을 대지 않아도 여러 자회사를 거느릴 수 있다. 이런 한국식 지주회사 제도의 장점을 깨달은 재벌 대기업 그룹들은 1년 정도 연구를 한 뒤 지주회사 전환에 나섰다. 그리고 이른바 '대박'이 났다.

지금부터 눈을 크게 뜨고 하나하나 따라와 보자. 재벌법 중 백미라고 할 수 있는 '지주회사의 마법'을 이제부터 배워 볼 것이다. 2001년 처음 시작되어 2020년까지 무려 170개가 넘는 재벌 대기업 그룹의 회장들이 이용해서 큰돈을 번 전무후무한 비법이다. 우리 모두 꼭 알아야 할 필요가 있다.

'지주회사의 마법'은 앞에서 본 회사 분할과 자기주식의 환상적인 컬래버레이션이다. 두 재료의 하모니로 지주회사라는 천상의 요리를 만들어 내는 비법이다. 일단 앞서 배운 내용을 다시 떠올려 보자. 회사를 둘로 분할할 때 회사가 가진 재산을 둘 중 어디에 넣을지는 회사 마음대로 결정할 수 있다. 그리고 주식회사는 자기주식을 취득해서 소각하지 않고 갖고 있을 수 있다(상장회사는 1994년부터, 비상장회사도 2011년부터). 기억이 났다면 우리가 잘 아는 그 회사, 치킨코리아를 이용해서 지주회사를 만들어 보자.

치킨코리아가 가파르게 성장해 주식 시장에 상장까지 하자 재원의 지분율은 20%까지 내려갔다. 자회사인 버거코리아, 피자코리아가 번창하고 있지만, 지분율이 더 낮아지면 경영권을 지키지 못할 것 같아 재원은 걱정이 됐다. 그래서 재원은 지주회사를 권장하는 정부 정책에 적극 호응해서 코리아홀딩스㈜를 설립하고 치킨코리아, 버거코리아, 피자코리아를 모두 코리아홀딩스㈜의 자회사로 바꾸는 지주회사 전환을 실시하려고 마음먹었다. 다음의 3단계 설명서를 따라갈 예정이다.

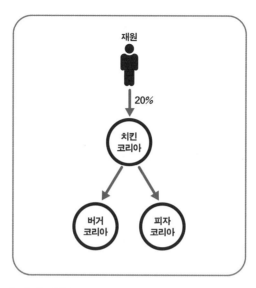

[그림 20] 1단계 때 치킨코리아와 버거코리아, 피자코리아의 지분 구조.

1단계: 치킨코리아에 자기주식 사 모으기

자기주식을 취득하면 주가가 상승하기 때문에 일반 주주들은 기뻐한다. 치킨코리아는 사업이 잘된 덕분에 잉여금이 상당했고, 그 돈으로 틈틈이 자기주식을 샀다. 거기에 치킨코리아 주식을 갖고 있던 좋은기름㈜와 합병하면서 또 자기주식이 생겼다. 이렇게 해서 치킨코리아는 전체 지분의 10%까지 자기주식을 모았다.

2단계: 인적 분할을 이용해 회사를 둘로 나누기

때가 되면 치킨코리아를 분할한다. 두 가지 분할 방법 중 일명 '플라나리아 나누기'인 인적 분할로 해야 한다. '혹 달기'인 물적 분할로 하면 안 된다. 분할하면 원래 있던 치킨코리아와 새로 설립한 회사 이렇게 두 개가 생기는데, 일단 '임시'로 치킨코리아를 코리아홀딩스㈜로, 신설된 회사는 뉴치킨코리아라고 이름을 바꿔 놓는다. 회사가 나뉘었으므로 치킨코리아의 20% 주주였던 재원은 코리아홀딩스㈜ 지분 20%와 뉴치킨코리아 지분 20%를 받는다.

이제 두 회사를 빈 그릇 두 개라고 생각하자. 치킨 사업을 계속할 뉴치킨코리아 그릇에는 원래 치킨 사업을 하던 회사의 재산을 모두 넣는다. 코리아홀딩스㈜는 지주회사가 될 것이므로 이 그릇에는 자회사가 될 버거코리아와 피자코리아의 주식을 넣는다. 얼추 정리가 끝났나 싶겠지만, 하나 빠뜨린 게 있다. 10%까지 모아 둔 치킨코리아 자기주식이 남아 있다.

잘 들여다보자. 치킨코리아가 소유한 자기주식은 회사 재산의 성격을 가진 동시에 회사가 분할되면 둘로 나뉘는 주식의 성격도 갖고 있다. 즉, 치킨코리아 자기주식 10%는 코리아홀딩스㈜ 주식 10%와 뉴치킨코리아 주식 10%가 된다. 이제부터가 핵심이 되는 내용이니 밑줄을 쫙 그어 두자. 보통은 회사를 분할할 때 해당 사업부에 맞게 재산을 배분한다. 그러나 마법을 일으키려면 코리아홀딩스㈜ 주식 10%를 코리아홀딩스 그릇에, 뉴치킨코리아 주식 10%를 뉴치킨코리아 그릇에 넣어서는 안 된다. 주문을 외워 보자.

"코리아홀딩스㈜ 주식 10%는 그대로 코리아홀딩스㈜ 그릇에 넣고, 뉴치킨코리아 주식 10%도 반드시 코리아홀딩스㈜ 그릇에 넣는다."

뉴치킨코리아 그릇이 아니라 코리아홀딩스㈜ 그릇이어야 한다!

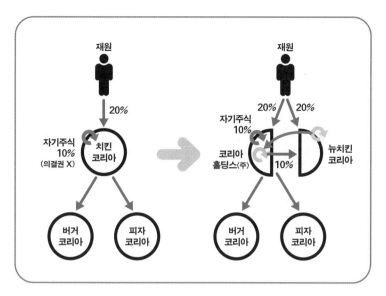

[그림 21] 코리아홀딩스㈜ 주식과 뉴치킨코리아 주식을 배분하는 방법.

왜 이렇게 하는 걸까? 마치 냉동인간을 해동해서 되살리듯 사라졌던 자기주식의 의결권을 부활시키고, 다시 제대로 된 주식으로 소생시키기 위해서다. 자기주식은 의결권이 없다는 상법 규정을 떠올려보자. 위의 방법을 쓰면 코리아홀딩스㈜ 그릇에 넣은 코리아홀딩스㈜ 주식 10%는 여전히 의결권이 없는 '죽은 자기주식'이지만, 코리아홀딩스㈜에 넣은 뉴치킨코리아 주식 10%는 더 이상 자기주식이 아니다. 코리아홀딩스㈜의 관점에서는 엄연히 다른 회사인 뉴치킨코리아 주식인 것이다.

인적 분할로 신설된 뉴치킨코리아의 관점에서는 새로 주식을 발행

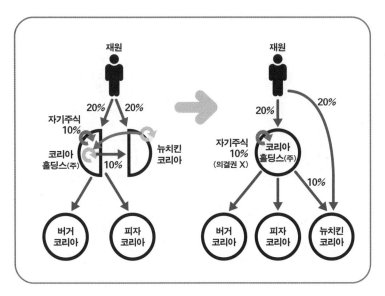

[그림 22] 2단계 과정을 거치면 이렇게 지분 구조가 변한다.

해서 모든 주주에게 똑같이 나누어 줘야 하기 때문에 뉴치킨코리아의 자기주식 10%를 넘겨받은 코리아홀딩스㈜에도 뉴치킨코리아 주식 10%를 배정한다. 정리하면, 의결권이 없던 치킨코리아 자기주식 10%가 코리아홀딩스㈜와 뉴치킨코리아로 분할됨으로써 뉴치킨코리아 주식 10%에 대해 의결권이 생겨난 것이다.

이것이 바로 자기주식과 회사 분할을 이용한 마법과 같은 '의결권 부활'이다. 뉴치킨코리아 주식을 뉴치킨코리아에 배분하면 이런 효과를 누릴 수 없다. 이는 회사를 분할할 때 회사 재산을 마음대로 배분할 수 있는 것이 법이기 때문에 가능한 일이다. 이 과정을 거치면 재원→

코리아홀딩스㈜→뉴치킨코리아로 이어지는 지분 구조의 뼈대가 만들어진다.

3단계: 남은 주식으로 만들어진 뼈대에 살 붙이기

하지만 아직 재원의 코리아홀딩스㈜ 지분은 20% 그대로이고 코리아홀딩스㈜의 뉴치킨코리아 지분도 10%밖에 되지 않기 때문에 지주회사 요건에는 미흡하다. 재원의 코리아홀딩스㈜ 지분율을 높여야 경영권 안정이라는 목표를 달성하고, 코리아홀딩스㈜의 뉴치킨코리아 지분율 또한 20% 이상이 되어야 지주회사법을 지킬 수 있다.

이번엔 살을 붙일 차례다. 다행히 여기 남는 주식이 있다. 치킨코리아를 분할할 때 재원은 코리아홀딩스㈜ 지분 20%와 함께 뉴치킨코리아 지분 20%도 받았다. 그런데 지주회사인 코리아홀딩스㈜ 지분은 재원에게 필요하지만, 자회사 지분은 굳이 재원이 갖고 있을 필요가 없다. 지주회사만 움직이면 나머지 자회사와 손자회사들을 일사불란하게 움직일 수 있는 것이 지주회사 구조의 특장점이기 때문이다. 재원에게 뉴치킨코리아 주식은 필요 없으니, 뉴치킨코리아 지분 20%를 코리아홀딩스㈜에 넘겨주고, 그 대가로 재원은 코리아홀딩스㈜ 지분을 받는다.[17] 이때 코리아홀딩스㈜는 재원에게 새로 주식을 발행해서 줄 수도 있고, 자신이 가진 코리아홀딩스㈜ 자기주식을 줄 수도 있다. 자기주식을 주는 것이 여러모로 이익이기 때문에 일반적으로 이것을 먼저 준다.

코리아홀딩스㈜와 뉴치킨코리아의 기업 가치가 비슷할 경우 뉴치킨코리아 지분 20%는 코리아홀딩스㈜ 지분 20%와 비슷하다. 따라서

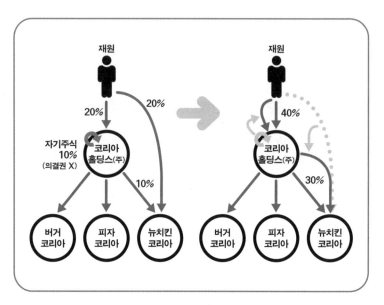

[그림 23] 재원의 뉴치킨코리아 주식과 코리아홀딩스㈜ 주식을 맞바꾸면
지분 구조가 그림과 같이 바뀐다.

이렇게 주식을 서로 바꾸면 재원의 코리아홀딩스㈜ 지분은 20%에서 40%로 늘어나고, 코리아홀딩스㈜의 뉴치킨코리아 지분도 10%에서 30%로 늘어난다. 충분히 살이 붙었다. 재원은 지주회사 지분율을 2배로 늘렸고, 지주회사도 자회사에 대한 지분율 요건을 맞췄다. 모두가 만족스러운 결과다. 돈 한 푼 들이지 않고 재원→코리아홀딩스㈜→뉴치킨코리아로 이어지는, 탄탄한 지주회사를 만드는 마법이 완성되는 순간이다.

마지막 정리만 남았다. 임시로 바꿔 두었던 뉴치킨코리아의 이름을 본래 이름인 치킨코리아로 바꾸고, 지주회사 전환에 맞춰 새로 만

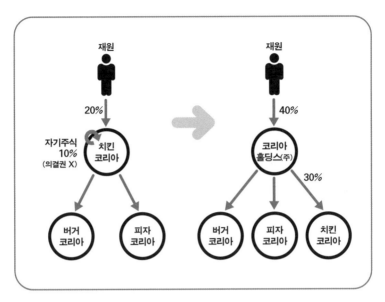

[그림 24] 최종적으로 완성된 코리아홀딩스㈜ 지주회사의 지분 구조다.

든 그룹 CI를 공개하면서 치킨코리아그룹의 새로운 시대를 선포하는 것이다. 재원은 40%의 강력한 지분을 확보한 코리아홀딩스㈜를 통해서 치킨코리아, 버거코리아, 피자코리아를 일사불란하게 경영할수 있게 되었다.

얼마 후, 치킨코리아그룹은 4차 산업혁명 시대에 맞춰 그룹 내 모든 회사에 KWSKorea Web Service에서 만든 클라우드 기반의 업무 시스템을 갖추게 하고 자율 재택근무를 실시하게 했다. KWS는 스탠퍼드대학교를 졸업한 재원의 아들이 한국의 AWS[18]를 표방하며 설립한전도유망한 스타트업 회사다.

재벌법의 큰 산을 넘은 것을 축하한다. 2003년 우리나라의 대표적인 재벌 대기업 그룹이 이 '지주회사의 마법'을 통해 회장의 지분율을 드라마틱하게 높이면서 지주회사로 전환했고,[19] 이를 목격한 다른 사람들은 눈이 휘둥그레졌다. 부당거래법과 같이 피해 나가야 할 재벌(을 규제하는) 법도 없고, 주력 회사가 사업을 잘해서 벌어들인 돈으로 자기주식을 사 모으기만 하면 된다니. 혹시 다른 회사의 사업이 잘되면 그 회사가 주력 회사 지분을 열심히 확보하고, 나중에 합병시키면 자기주식이 된다. 그런 다음 뚝딱뚝딱 회사를 분할하고 주식을 맞바꾸면 돈 한 푼 들이지 않고 지분율이 2배가 되는 놀라운 '비법'이었던 것이다.

이때부터 재벌 대기업 그룹에 지주회사 전환은 선택이 아니라 필수가 되었다. 이보다 더 좋을 수가 없었다. 모두가 지주회사 전환을 위해 달렸다. 지금까지 안 한 곳은 '안 한' 것이 아니라 사정상 '못 하고' 있는 것뿐이다.

이 방법은 지난 20여 년 동안 대기업에서 다른 대기업으로, 그리고 중견기업으로 전수됐다. 요즘에는 사업하는 사람이라면 누구나 알아야 할 '가업 승계' 방법으로 강의까지 개설되고 있다. 반면 이 방법에 대한 비판도 끊이지 않는다. 공정거래법, 상법이나 세법을 바꿔서 이런 재벌(이 돈 버는 방)법을 막아야 한다는 목소리도 크고, 심지어 대통령 선거 공약에도 등장했다.

하지만 이것이 과연 그렇게 복잡한 문제일까? 사실 여기서 가장 중요한 것은 단순히 기업 구조가 순환출자인지, 지주회사인지가 아니다. 자기주식 취득, 회사 분할과 신주 발행으로 이어지는 일련의 과정을 위해 지출되는 '회삿돈'이 누구를 위해 쓰이고 있는지, 누가 그런 의사 결정을 하고 누가 이익을 얼마나 보는지가 핵심이다. 바로 그 의사 결정의 의미와 이익에 대해서 정확히 알고 이야기해야 한다.

회장의 지분을 지주회사로 모아 아래에 있는 회사들을 일사불란하게 지휘할 수 있도록 한 지주회사의 마법. 그 방법을 알게 된 여러분이 과연 어떤 생각을 할지 궁금하다.

"도대체 이런 법이 어디 있나?"

"다 이유가 있는 법이지."

이 중 어떤 것을 선택하고 토론에 임할지는 여러분의 몫이다.

중급 보너스: 4949 판결 들여다보기

15

지금까지 기초 편과 중급 편을 잘 따라와 준 여러분에게 감사의 마음으로 보너스 이야기를 하나 들려주려고 한다. 특히 중급 편의 다양한 기법을 배우면서 이 모든 게 정말 합법인지 의문이 생긴 사람이라면 이번 장을 잘 읽어 보길 권한다. 앞에서 잠깐 언급했던 '4949 판결'에 관한 자세한 얘기다.

재벌법의 계보를 군이 나누자면 앞서 설명한 부당거래법과 지주회사법을 따르는 정통파가 있고, 어느 하나에 속하지 않으면서 자신만의 세계를 구축하고 있는 소수파가 있다. 보너스 이야기는 이 소수파 계보의 가장 중요한 열쇠가 되었던 '4949 판결'이다.

모든 소송 사건에는 번호가 있다. 접수 순서대로 부여받는 은행 대기 번호표 비슷한 것이다. 그런데 2009년 5월 29일, 대법원에서 대법관 전원이 모여 선고한 이 사건의 번호가 '2007도4949'인 것은 우연 치고는 너무 신기한 일이었다. 이 사건은 '사고 또 사고'에 대한 것이 었기 때문이다. 4949 판결은 회장 아들이 무언가를 사고 그것을 팔아 다른 것을 사면서, 큰돈을 벌고 회사의 지분을 늘린 일에 관한 것인 동시에 회사의 임원들이 소속 회사에 배신행위를 했는지에 관한 판 단이었다. 13년 전 해리 포터의 등장과 함께 발행되었던 '마법 쿠폰' 과 그때 있었던 일에 대한 최종 결정이 이날 있었다.

1996년 마법 쿠폰 사건을 다시 한 번 떠올려 보자. 우리나라의 대표 적인 재벌 대기업 그룹이 입장권 1장 값으로 입장권 10장을 바꿀 수 있는 마법 쿠폰을 주주들에게만 팔겠다고 했는데, 무언가에 홀린 듯 모든 주주가 그 좋은 쿠폰을 사지 않겠다고 했다. 그 바람에 외부의 제 3자가 마법 쿠폰을 독차지하는 일이 벌어졌다. 이후 제3자는 쿠폰을 모두 입장권으로 바꿔서 막대한 돈을 벌었음은 물론 이 회사를 통해 그룹 전체의 경영권을 거머쥘 수 있게 됐다.

다시 회사를 방이라고 가정하고 주식을 이 방에 들어갈 수 있는 입 장권이라고 생각해 보자. 여러분은 이 입장권 1장을 10만 원에 샀다. 그런데 너무 바쁜 나머지 동생에게 자기 대신 방에 있다가 무슨 일이 생기면 알려 달라고 부탁했다. 어느 날, 방 관리인이 방에 벽지를 새 로 발라야 해서 급하게 돈이 필요하니 방 안 사람들에게 입장권 10장 으로 바꿀 수 있는 쿠폰을 한 명당 1장씩 10만 원에 팔겠다고 했다. 돈으로 따지면 100만 원짜리를 10만 원에 파는 파격적인 할인을 제

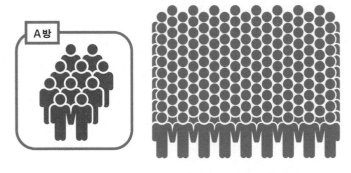

[그림 25] 10명이 앉아 있는데 100명이 새로 들어오려는 방의 모습.

안한 것이다. 그런데 방에 있던 동생이 여러분에게 물어보지도 않고 이 제안을 거절했다면, 여러분은 동생에게 뭐라고 할 것인가?

게다가 동생뿐 아니라 방 안의 사람 전체가 이 쿠폰을 사지 않겠다고 하자 방 관리인은 방 바깥의 다른 사람에게 쿠폰을 모두 팔아서 도배 비용을 구했다. 쿠폰을 구입한 사람은 곧바로 그것을 입장권으로 모두 바꿨다. 그리고 바꾼 입장권 100장을 갖고 와서 100명이 앉을 자리를 달라고 했다. 10명이 있던 방인데 100명이 앉을 자리가 있을 리 만무했고 곧 난리가 났다. 원래도 넉넉하지 않은 곳이었으므로 10배가 넘는 사람이 들어오니 방이 터져 나갔다. 잘못한 사람은 누구일까? 이런 말도 안 되는 쿠폰을 만들어 판 관리인일까, 아니면 쿠폰을 사지 않은 여러분의 동생일까?

4949 판결은 이야기 속 방 관리인에 대한 재판이었다. 현실로 돌아와 정리하면 다음과 같다. 우리나라의 재벌 대기업 그룹 중 하나가

당시에 최소 시가 8만 5000원 이상으로 평가되던 회사의 주식으로 바꿀 수 있는 전환사채 1장을 7700원에 팔겠다고 했다. 그런데 기존 주주들이 모두 사지 않겠다고 하는 바람에 결국 주주가 아닌 제3자에게 팔았다.

이렇게 전환사채를 판매한 회사의 대표이사가 과연 회사에 대해 배신행위를 한 것인지를 묻는 판결이었다. 회사 경영진은 회사를 위해 일해야 하는 의무(선량한 관리자로서의 주의 의무)가 있고, 고의로 회사에 손해가 되는 일을 하면 범죄(업무상 배임죄)가 될 수 있다. 이런 법으로 재판을 한 것이었는데 결론부터 말하자면 이야기 속 방 관리자, 이 회사의 대표이사는 무죄였다.

4949 판결에서 방 관리인이 무죄가 된 논리는 크게 보아 이렇다.

① 방 관리인이 10만 원짜리 입장권으로 교환할 수 있는 쿠폰을 만들어서 먼저 방 안의 사람들에게 1/10 가격인 1만 원에 팔겠다고 제안한 것은 잘못이 아니다(대법관 11명 모두 찬성).

② 우선적으로 팔겠다고 제안했는데도 불구하고 방 안 사람들이 1/10 가격인 쿠폰을 사지 않겠다고 했다면, 방 관리인이 이 쿠폰을 같은 값에 방 밖의 제3자에게 팔아도 잘못이 아니다(대법관 6명 찬성, 5명 반대-다른 사람에게 팔 때는 원래 정가인 10만 원에 팔아야 한다).

③ 쿠폰을 산 제3자가 쿠폰을 입장권으로 바꿔 방 안의 자리 대부분을 차지했다고 해도, 방 안 사람들이 자의로 구매를 포기해서 생긴 일이고, 방 안 사람들 사이의 문제이므로 방 관리인의 잘못은 아니다(대법관 11명 모두 찬성).

비유를 이용해 쉽게 설명해 봤지만, 솔직히 이해하기가 수월하지는 않다. 하나씩 찬찬히 살펴보자. ①은 회사의 대표이사가 주식으로 바꿀 수 있는 전환사채를 너무 싸게 발행한 것이 '선량한 관리자로서의 주의 의무'를 어겼는지에 대한 문제다. 주식회사가 돈이 필요해서 새로 주식을 발행해 팔 경우, 기존 회사 주주들에게 새로 발행할 주식을 살 것인지 우선적으로 물어봐야 한다. 이것을 주주가 갖고 있는 '신주인수권'이라고 한다. 주식회사는 일종의 회원제이고 지분율에 따라 배당금이 결정되므로, 외부에서 새 회원이 들어오면 기존 회원은 지분이 낮아지고 그만큼 배당금을 적게 받는다. 예를 들어 회원 10명이 1000만 원의 수익을 나눈다면 한 명당 100만 원씩 배당받을 수 있지만, 새 회원이 들어와서 11명이 된다면 한 명당 약 91만 원밖에 받지 못한다. 그래서 기존 주주들에게 자신의 지분율과 배당받을 권리를 지킬 수 있는 기회를 우선적으로 주는 것이다.

회사가 기존 주주들에게 주식을 새로 발행해서 팔 때 1주당 얼마에 파는지는 중요하지 않다. 어차피 모든 주주에게 기회가 똑같이 돌아가기 때문에 참여하는 사람은 지분율을 그대로 지키고 포기하는 사람은 그만큼 지분율이 낮아진다. 그래서 주식 1주가 얼마인지와는 관계없이 기존 주주가 지분율을 지키기 위해 필요한 '돈의 총액'이 중요하다. 만약 회사가 발행한 주식이 모두 1만 주이고 이것을 10명의 주주가 나눠서 1000주씩 갖고 있었는데, 회사에 1억 원이 필요해서 신주 발행을 결정했다고 생각해 보자. 1만 원짜리 주식 1만 주를 새로 발행해도 1억 원이고, 10만 원짜리 주식 1000주를 새로 발행해도 1억 원이다. 1만 원짜리로 한다면 주주 한 명당 1000주씩 우선권이 주어질 것이고, 10만 원짜리로 한다면 주주 한 명당 100주씩 우선적으로 배정될 것이다. 자신의 지분율을 지키고 싶은 사람은 1만 원짜리 1000주든 10만 원짜리 100주든 1000만 원을 회사에 내면 되고, 절반만 지키고 싶은 사람은 1만 원짜리 500주든 10만 원짜리 50주든 500만 원만 내면 된다. 여기서 발생하는 갈등이라고는 회사가 1주를 10만 원에 팔았을 때 5만 원만 내고 싶은 사람은 참여할 수 없다는 것 정도다. 그래서 기존 주주들에게 새로 주식을 발행할 때는 1주당 가격이 얼마인지 문제가 되지 않는 것이다. 이것은 예전부터 있던 판례법이었고 11명의 대법관 모두가 찬성한 것도 그 이유에서다. 이렇게 '주주 배정' 방식의 신주 발행에서는 반드시 시가로 가격을 정할 필요는 없다는 점을 기억해 두자.

②를 살펴보자. 기존 주주들이 무슨 이유에선지 무척 싸게 나온 이 전환사채를 모두 사지 않겠다고 했다. 그런데 대표이사는 여전히 돈이 필요하다며, 기존 주주가 아닌 제3자에게라도 팔아서 돈을 마련하겠다고 했다. 이때 전환사채 가격을 원래의 가격으로 바꿔야 할까? 싸게 팔면 안 되는 걸까?

이 문제를 생각하기 전에 먼저 알아야 할 판례법이 하나 있다. 회사가 기존 주주가 아닌 제3자에게 새로 주식을 발행해서 팔 때는 시가보다 싼 가격에 팔면 안 된다는 판례법이다. 이런 경우를 '제3자 배

 Level 3. 재벌법 중급 편: 세상에서 가장 빠르게 부자가 되는 주식 투자의 비밀

정'이라고 하는데, 앞에서 '기존 주주들에게 새로 주식을 발행해서 팔 때는 가격이 문제가 되지 않는다'고 했던 것과 반대다. 왜 이런 판례가 있을까? 같은 주식을 정가에 혹은 더 비싸게 팔았다면 회사가 더 많은 돈을 받을 수 있었는데, 그렇게 하지 않았기 때문이라는 논리다. 정가가 10만 원인 주식 1000주를 팔면 회사에 1억 원이 들어온다. 그런데 이 주식을 1만 원에 1000주를 판다면 1000만 원밖에 얻지 못하므로 9000만 원이라는 손해액이 발생한다. 아리송하더라도 이런 판례법이 있다는 정도만 알고 다음으로 넘어가 보자.

4949 판결의 법정 뒤에서는 과연 이 사건이 애초에 주주가 아닌 제3자에게 먼저 팔려는 의도가 있었는지 치열한 토론이 벌어졌다. 이 사건은 회사가 처음부터 제3자에게 판 것이 아니라 기존 주주들에게 우선적으로 팔겠다고 했는데도 그들이 모두 포기하는 바람에 제3자에게 기회가 넘어간 것이라 주장했기 때문이다.

대법관들도 기존 주주들에게 팔려고 했으나 다들 포기해서 제3자에게 기회가 넘어간 것이니 처음부터 제3자에게 팔려는 의도가 없었다는 의견, 그 반대편에는 어차피 제3자에게 판 것은 맞으니 처음부터 의도를 가졌느냐 아니냐는 중요하지 않다는 의견으로 나뉘었다. 여러분은 어느 쪽이 더 그럴듯하다고 생각되는가?

답을 말하기 전에 방과 관리인 이야기로 돌아가 한 가지만 더 짚어보자. 여러분이 방의 10% 면적을 차지하고 있는데, 방 관리인이 도배를 새로 해야 하니 방 안의 사람들에게 돈을 더 내라고 하면서 돈을 내지 않으면 방 밖의 다른 사람에게 입장권을 팔아서 도배할 돈을 마련하겠다고 공지한다면 어떻게 하겠는가? 여기서 전제는 여러분의 사정이 항상 방 관리인에게 돈을 퍼 줄 만큼 넉넉하지 않다는 것이다. 그런데 요구하는 돈을 내지 않으면 방에 다른 사람이 들어올 것이고, 여러분의 자리는 비좁아질 것이다. 이 경우 첫 번째로 드는 의문은 '정말 방이 도배를 새로 해야 하는 상황인가'다. 여러분이 보기에 벽지가 멀끔하고, 방 안의 누구도 불편해하지 않는데, 관리인이 괜히 도배를 하겠다며 돈을 내라고 하는 것이라면 어떨까? 일단 이런 의문을 갖고 다시 4949 판결로 돌아가 보자.

4949 판결에서 대법관들은 6 대 5로 나뉘었다.

다수 의견(6명): "처음에는 기존 주주들에게 팔려고 했으나 주주들이 모두 포기를 했고, 그 바람에 다른 사람에게 판 것이다. 그러므로 다른 사람에게 팔 때 싸게 팔면 안 된다는 판례법을 따를 필요 없다."

반대 의견(5명): "처음부터 다른 사람에게 팔려고 한 것인지, 기존 주주들이 포기해서 나중에 그 결정을 한 것인지는 중요하지 않다. 결과적으로 다른 사람에게 판 것은 맞으므로 다른 사람에게 팔 때 싸게 팔면 안 된다는 판례법을 따라야 한다."

6명의 다수 의견에는 제3자에게 싸게 팔 것을 주주들도 다 알고 포기한 것이니 제3자가 들어와도 문제없다는 생각이 들어 있다. 5명의 반대 의견은 주주들이 포기했다고 해서 회사의 대표이사가 원래 지켜야 하는 의무, 즉 주주가 아닌 제3자에게 주식을 팔 때 정가에 판매해야 한다는 판례법상의 의무가 없어진 것은 아니라는 생각에서 나온 것이다.

여러분의 생각은 6명 쪽일지, 아니면 5명 쪽일지 궁금하다. 방 안 사람들이 모두 싼 쿠폰을 사지 않겠다고 한 결정에 방 관리인이 그걸 제3자에게 팔아서 자리가 비좁아지더라도 감수하겠다는 뜻이 들어 있다고 생각한다면 6명 쪽이라 할 수 있다. 반대로 방 안 사람들이 싼 쿠폰을 사지 않았다고 해서 방에 제3자가 밀고 들어오는 것을 인정하는 것은 아니며, 방 밖의 제3자는 항상 정가에 사서 들어와야 한다고 생각한다면 5명 쪽에 가깝다.

③번 논쟁은 싱겁게 끝났다. 대법관 11명 전원이 의견 일치를 보았기 때문이다. 대법관들은 전환사채를 산 제3자가 그것을 모두 주식으로 교환해 회사의 지분을 대거 거머쥐게 된 것, 또 기존 주주들의 지분율이 낮아진 것은 그들이 스스로 전환사채 구매를 포기해서 생긴 일이고, 이는 기존 주주들 사이의 문제일 뿐이며, 그러므로 회사의 대표이사는 의무를 위반하지 않았다는 것에 모두 동의했다. 여기에서 우리나라 법에 길이 남을 만한 명언이 하나 등장한다.

"주식회사의 (대표)이사는 회사의 일을 하는 사람이지, 주주의 일을 하는 사람이 아니다."

이 명언은 4949 판결은 물론 우리나라의 판결문에 자주 인용되는 문구이니 외워 두면, 요긴하게 써먹을 수 있다. 정확한 문구는 이렇다.

> "주식회사의 이사는 주식회사의 사무를 처리하는 자의 지위에 있다고 할 수 있지만 주식회사와 별개인 주주들에 대한 관계에서 직접 그들의 사무를 처리하는 자의 지위에 있는 것은 아니다."

쉽게 말해 방 관리인은 '방'을 위해 일하는 사람일 뿐, '방 안 사람'을 위해서 일하는 것은 아니라는 뜻이다. 뭔가 이상하다. 방 관리인이 돈을 요구했던 이유는 분명 방의 벽지가 낡아서 도배를 새로 하겠다는 것이었으니 '방'을 위해서 일한 게 맞다. 그런데 방이라는 무생물은 좋고 나쁘다는 감정을 느낄 수 없지 않은가? 대체 누구 좋으라고 도배를 새로 한 것일까?

방 관리인은 방을 관리하는 대가로 월급을 받는다. 그리고 도배를 포함해 방을 위해 일한다는 것은 당연히 방 안 사람들 전체를 위해 일한다는 의미다. 그저 방 안 사람들에게 돈을 받아서 취미로 방을 관리하라고 그 자리에 앉혀 놓은 것이 아니다. 방의 가치를 높여서 결국 방 안 사람들에게 이익이 되도록 하라는 것이 관리인에게 주어진 '선량한 관리자로서의 의무'다. 관리인이 방에 관련한 일을 하는데 오히려 사람들에게 손해가 된다면? 당연히 그런 일은 하면 안 된다. 너무 상식적인 말이어서 굳이 더 부연할 필요도 없다.

그런데 참 이상하다. 법원은 왜 '방의 관리인일 뿐 방 안 사람들의 관리인은 아니다'라는 어색한 말을 하고 있는 것일까? 관리인은 방 안 사람들 사이의 문제에는 관여하지 말라는 뜻일까? 이런 궤변에 대법관 11명은 왜 깔끔하게 동의한 것일까? 물론 이 주제를 정치적으로, 사회적으로, 문화적으로 또 돈의 문제로 보는 등 다양한 시각과 저마다의 생각이 있을 수 있다. 하지만 법적으로는 딱 하나의 점으로 모을 수 있는 핵심 포인트가 있다. 이건 재벌법을 조금 더 배워서 모두 이해한 후 마지막 레벨에서 이야기할 것이다.

- - - -

이렇게 4949 판결은 방 관리인의 '무죄'로 끝났다. 그런데 여러분이 몰랐던 사실이 하나 있다. 방 관리인이 마법 쿠폰을 방 안의 사람들에게 팔겠다고 했을 때, 거기 있다가 사지 않겠다고 포기한 사람들은 모두 실제 입장권 주인이 아니라 대신 앉아 있던 심부름꾼이었다. 마치 여러분을 대리해 방에 있던 동생처럼 말이다. 만약 여러분의 동생이 물어보지도 않고 입장권 10장으로 바꿀 수 있는 마법 쿠폰을 사지 않겠다고 해 버렸다면, 뭐라고 한마디 했을 것이다. 하지만 4949 판결 속 입장권 주인들은 심부름꾼에게 싫은 소리를 일절 하지 않았다. 그래서 심부름꾼을 앉혀 놓은 입장권 주인에 대해서는 법원이 뭐라고 말할 기회조차 없었다.

법원은 '주주들이 포기한 것일 뿐, 주식을 발행한 회사 사장이 무언가 잘못한 것은 아니다'라고 말함으로써 '사장이 아니라 주주가 문제'라는 사실을 분명히 했지만, 때는 이미 늦었다. 1996년 당시 전환사채를 받지 않겠다고 포기한 주주들의 관리인, 즉 발행 회사의 주주이자 다른 회사들의 사장들은 유죄 판결을 받지 않았음은 물론 기소되지도 않았다. 그리고 그들은 공소시효라는 사회적 평온을 위한 망각의 시간 뒤로 사라졌다.

• 물적 분할 | 회사의 어떤 사업 부문을 별도의 회사로 만들어서 그 회사의 주식 100%를 모회사가 소유하도록 하는 방식의 회사 분할. 두 회사 사이에 수직적인 관계가 성립되고, 모회사 주주의 지분 관계는 변하지 않는다.

• 인적 분할 | 회사의 어떤 사업 부문을 별도의 회사로 만들되 원래의 주주들에게 똑같은 비율로 신설 회사의 주식을 주어 지분 비율이 똑같은 두 개의 회사가 생기는 방식의 회사 분할. 모자회사 관계가 되지 않고 수평적인 관계의 두 회사가 생긴다.

• 자기주식 | 회사가 다른 사람에게 발행한 주식을 스스로의 돈으로 다시 사들여 갖는 자신의 주식. 미국에서는 이런 자기주식을 미발행 주식, 즉 자본이 감소한 것으로 본다. 우리나라의 경우 회계적으로는 미국과 같이 미발행 주식으로 보고 법적으로도 그렇게 보는 것이 다수이지만, 법원에서는 다른 회사의 주식과 똑같이 일종의 자산임을 전제로 하는 판결이 더 많다.

• 순환출자 | 여러 회사가 지분 관계로 연결되는 구조 중 A→B→C→A로 마지막에 있는 회사가 다시 맨 처음에 출자한 회사의 주식을 보유하는 구조. 처음에 A에게 자본을 출자한 사람은 더 이상 돈을 내지 않아도 B, C의 돈으로 다시 A에 대한 지분율을 확대하는 효과를 누릴 수 있어서 자본의 공동화를 초래한다는 비판이 있다.

• 지주회사 | 다른 회사의 주식 소유를 목적으로 하는 회사. 순수하게 주식만 보유하는 회사(순수 지주회사)와 일부 사업도 하는 회사(사업 지주회사)가 있다. 여러 회사가 지분 관계로 연결되는 구조 중 A→B→C와 같이 단계별 지분 구조를 갖고 각 단계의 회사들이 바로 아래가 아닌 다른 단계에 있는 회사의 주식을 갖지 않는 피라미드 구조를 취할 때, 지주회사는 가장 상위에 있는 회사가 된다.

Level 4.

재벌법 고급 편:

상장과 상폐 뒤에 숨겨진 회사의 속사정

상장회사 주가에 관한 착각

16

딱딱한 법 이야기를 너무 많이 했으니 이제 말랑말랑한 진짜 돈 버는 법 얘기를 해 볼까 한다. 주식으로 돈 버는 이야기다.

주식. 앞서 하멜 표류기 시대인 약 400년 전 주식회사 이야기를 하면서 투자한 액수를 적어 넣은 종이 증서를 다른 사람에게 팔 수 있도록 한 게 주식의 시작이라고 한 바 있다. 우리가 사는 이 시대의 주식도 별반 다르지 않다. 여러분이 삼성전자 주식 1주를 샀는데, 삼성전자 스마트폰이 잘 팔려서 이익이 남았다면 그중 얼마를 배당금으로 받을 수 있다. 또 삼성전자의 사장을 뽑는 주주총회에 참석해 주주로서 한 표를 행사하며 어깨를 한번 으쓱할 수 있다. 그리고 여러분은 스마트폰을 통해서 언제든 이 주식을 누군가에게 팔 수 있고, 그에 상응하는 이익을 남길 수 있다.

이렇게 채소나 고기처럼 시장에서 사고팔 수 있기 때문에 주식도 시장이 생겼고 마트에서 팔리는 제품과 같이 '가격'이 생겼다. 품질 좋은 고기나 신선한 채소가 비싼 것처럼 그 주식을 발행한 회사가 좋은 곳이면 주식 가격은 오르고, 회사가 망해 가면 주가는 곤두박질친다. 그런데 주가가 바닥을 치는 것보다 더 나쁜 것이 있다. 바로 '상장 폐지'라는 것인데 보통 줄여서 '상폐'라고 부른다. 어감도 기분 나쁜 이 상폐는 주식 투자자들에게 최악의 상황이다. 주식을 하려면 일단 상장이 무엇인지, 상폐가 무엇인지부터 알아야 한다.

주식은 고기나 채소와 달리 눈으로 보거나 찔러 봐서는 그 품질을 쉽게 알 수 없다. 주권이라는 종이에 적힌 글씨만으로는 가치를 알 수 없고, 회사라는 거대한 조직을 이해해야 그것을 알 수 있다. 어떤 것의 내용을 파악하기 어려울 때는 속이기가 쉽기 때문에 사기꾼들이 달려들곤 한다. 수박을 생각해 보자. 잘라서 먹어 보기 전까지는 맛을 확신할 수 없다. 그래서 과일가게 주인이 정말 맛있다고 하는 말만 믿고 샀다가 낭패를 보는 일이 종종 벌어진다. 두드려 보기, 꼭지의 생김새 보기처럼 맛을 추측할 수 있는 방법이 전수되는 이유다.

주식도 비슷하다. 기업에 대한 모든 사실이 적힌 '사업 보고서'는 마치 초록색 껍데기에 검은색 글씨로 이해할 수 없는 내용을 깨알같이 써 놓은 수박 같다. 분명히 한글로 빼곡하게 내용을 담아 놨지만, 전문가들을 포함해서 사업 보고서의 내용을 모두 정확히 이해하는 사람은 드물다. 사기꾼이 넘쳐 날 수밖에 없는 조건이다. 이런 사기꾼들이 시장에 들어오는 것을 막기 위해서 주식 거래를 하던 사람들은 시장에 입점할 수 있는 주식회사의 '클라쓰'를 정하고, 그 조건이 충족되는 회사만 시장에 들어와서 주식을 팔 수 있다는 원칙을 세웠다. 이것을 '상장'이라고 하는데, 말 그대로 '시장場에 이름을 올린다上'는 뜻이다.

물론 상장되지 않은, 주식 시장에 들어오지 못한 주식이라고 해서 사람들이 사고팔 수 없는 것은 아니다. 하지만 그런 주식은 당근마켓에서 중고 거래를 하듯 팔고 싶은 사람이 수량과 가격을 정해서 광고를 하고, 그 광고에서 제시하는 조건에 맞는 사람이 나와야 거래가 이루어질 수 있다. 이와 달리 주식 시장은 사고 싶은 주식이 얼마에 몇 주인지, 팔려는 주식이 얼마에 몇 주인지와 같은 주문 내역을 주식별로 모아서 게시판에 깔끔하게 정리해 놓는다. 거래 상대를 찾을 필요 없이 가격과 수량만 맞으면 곧바로 거래가 이루어진다.

주주는 원칙적으로 '투자한 돈을 회사로부터 돌려받을 수 없다'고 했던 것을 기억해 보자. 그러니 주식은 거래가 이루어지지 않으면 돈이 될 수 없다. 상장되지 않은 주식은 거래가 가능은 하지만 매우 어렵고, 그 이유로 상장되지 않은 주식은 돈이 될 수도 있지만 그러기가 매우 어렵다. 그래서 비상장 주식의 가치는 실제로 높지 않다.

주식은 상장되어야 언제든 돈으로 바꿀 수 있고 가치가 생기는 재산이다. 그런데 상장이 폐지된 주식은 돈으로 바꾸기가 힘들다. 집 안 창고에 먼지를 뒤집어쓰고 있는 골동품처럼 천덕꾸러기 재산에 불과하다. 반대로 생각하면 상장은 이렇게 흙으로 빚은 주식에 숨을 불어 넣어 생명을 주는 것이라고 볼 수 있다.

　주식이 상장되면 매일 매초 주식이 거래되면서 가격이 생성된다. 주식 거래 경험이 없는 사람들을 위해 잠깐 설명하면, 주식 거래는 우리가 마트에서 정찰제로 물건을 사는 것과는 상황이 다르다. 그보다는 도매시장에서 생산자와 도매상이 경매를 통해 구매하는 것과 비슷하다. 가격과 수량이 즉석에서 결정되고 곧바로 물건이 인도된다. 좋은 물건을 비싸게, 나쁜 물건을 싸게 팔기도 하면서 필요로 하는 사람에게 분배된다. 경제의 '보이지 않는 손'이 잠깐 모습을 드러내는 아름다운 순간이다.

　사람들은 보통 이런 시장에서의 가격을 매우 객관적인 그 물건의 가치라고 생각한다. 시장경제에 사는 우리에게는 '시장에서 거래된 가격'이라는 말이 마치 '공정한 것' 또는 '객관적으로 증명된 것'이라는 말처럼 느껴진다. 그리고 주식은 회사의 가치를 주식 수로 쪼갠 것이니 주가에 주식 수를 곱하면 해당 회사의 가치가 된다고 생각하는 경향이 있다. 주식 100만 장을 발행한 어떤 회사의 현재 주가가 5만 원이라면, 그 회사 전체의 가치를 500억 원이라고 계산하는 식으로 말이다.

　이런 논리는 사과나 고기와 같이 그 자체의 효용을 100% 누릴 수 있는 재화나 서비스의 경우에는 별문제 없이 적용 가능하다. 그런데 주식에 대해서만큼은 이 논리가 큰 착각일 수 있다. 물론 주가를 결정하는 요인과 회사의 가치를 평가하는 방법은 경제학과 경영학의 주요 연구 분야일 정도로 복잡하고, 이와 관련된 다양한 이론이 있다. 지금부터 설명할 내용은 그것을 이해하기 쉽도록 매우 단순화시킨 것이다. 상식선에서 이야기할 것이므로 깊이 연구해 볼 사람들은 전문가의 서적을 들여다보도록 하자.

주식 시장에서 거래되는 주식의 가격에 전체 주식 수를 곱한 것이 그 회사의 진짜 가치가 아닌 기본적인 이유를 두 가지로 들 수 있다.

첫째, 주식 시장의 주가는 기본적으로 회사가 좋은지 나쁜지에 따라서가 아니라 회사가 배당금을 얼마나 많이 주는지에 따라 결정된다. 둘째, 그렇기 때문에 회사가 배당금을 많이 주고 적게 주면서 주가를 얼마든지 고무줄처럼 조절할 수 있다.

생각해 보자. 주식 시장에서 주식을 자주 사고파는 사람들, 그래서 시장에서 주식의 '가격'을 만드는 사람들은 회사를 창업했거나 회사의 경영에 직접 관여하는 대주주가 아니다. 이것이 고기나 채소를 시장에서 사고파는 것과 가장 큰 차이점이다. 시장에서 소비자는 물건을 완전히 소유하기 위해 구매하고, 물건을 사면 그것의 쓸모를 완전히 소유하게 된다. 이용하거나 먹거나 버리거나 요리하는 등 원하는 대로 할 수 있다. 하지만 주식은 다르다. 시장에서 주식을 사도 그것을 통해 해당 회사가 생산하는 물건 혹은 서비스를 이용하거나 회사를 마음대로 좌지우지할 수 없다. 또한 시장에서 주식을 사고팔면서 주가를 만드는 사람들은 주식을 살 것인가, 은행에 예금을 할 것인가, 부동산을 살 것인가 고민하는 일반 투자자이거나 이런 사람들의 돈을 대신 맡아서 투자해 주는 전문 투자업자다.

예를 들어 대주주가 아닌 어떤 개인이 이익을 얻기 위해서 1억 원을 투자하기로 마음먹었다. 그 1억 원으로 주식을 살지, 예금을 할지, 부동산을 살지 결정할 때는 우선 그 자산을 통해 1년 동안 수익을 얼마나 얻는지 비교해 봐야 한다. 자산의 가격이 오를지 내릴지 생각하는 것은 그다음 일이다. 가격 상승으로 인한 이익은 팔아야만 생기기 때문이다. 같은 돈으로 주식을 사면 회사로부터 배당금을 받고, 예금을 하면 이자를 받고, 부동산을 사면 임대료를 받는다. 구체적인 숫자를 넣어 비교해 보자. 은행에 1년 동안 예금할 경우 이자로 200만 원을 받을 수 있고, 부동산을 살 경우 월세 20만 원씩 연간 240만 원을 받을 수 있다고 가정한다면, 주식을 발행한 회사가 1년 동안 주는 배당금이 그 이상이어야 사람들은 주식을 살 것이다. 예금이나 부동산 가격이 변동 없이 원금 그대로라는 전제에서 예금 이자나 부동산 임대료보다 주식 배당금이 더 높아야 더욱 많은 사람이 주식을 살 것이고, 그래야 주가도 오른다.

그런데 주식에는 당황스러운 점이 하나 있다. 은행 이자는 약관에 적혀 있고 부동산 임대료는 임대차계약서에 쓰여 있지만, 주식 배당금은 어디에도 적혀 있지 않고 회사가 약속해 주지도 않는다는 사실이다. 심지어 법적으로도 규정되어 있지 않다. 물론 회사가 돈을 벌지 못하면 배당금을 주지 못하는 것이고 이익을 내야만 줄 수 있다. 하지만 여기서 중요한 것은 회사가 돈을 많이 번다고 해서 '반드시' 주

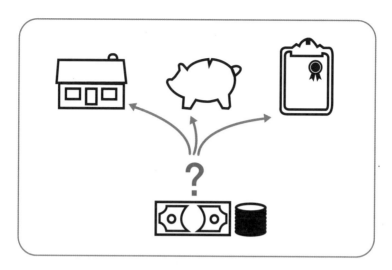

[그림 26] 부동산, 예금, 주식 중 무엇이 수익 면에서 가장 경쟁력 있을까?

주들에게 배당금을 많이 줘야 할 필요가 없다는 것이다. 회사는 이익을 많이 내더라도 그 돈을 꼭 주주에게 배당하지 않아도 된다. 그냥 돈을 쌓아 둬도 법적으로 아무 문제가 없다. 또한 벌어들인 돈을 쌓아 두는 회사들은 꼭 주주들에게 주기 싫어서 그러는 것도 아니다.

치킨코리아 이야기를 다시 생각해 보자. 2년 차가 되었을 때, 치킨코리아는 첫해의 3배가 넘는 1억 원의 이익을 남겼지만 우현은 첫해와 똑같이 배당금으로 1000만 원만 주겠다고 했다. 사장으로서 사업을 더 확장하려면 회사에 투자할 돈을 남겨야 한다는 매우 합당한 이유를 대면서 말이다. 그런데 만약 우현이 이익을 냈음에도 배당금을 한 푼도 줄 수 없다고 한다면 어떨까? 위기에 대비해야 하고 투자도 해야 되기 때문에 회사에 돈을 최대한 많이 남겨 두어야 한다면서 말이다. 아니면 돈이 부족해 대출을 받아야 할지도 모르는 상황인데 꼭 배당을 받아 가야 하느냐고 묻는다면 어떨까? 치킨 사업이나 회사 경영에 전문가가 아닌 주주로서는 이런 이유 앞에서 끝까지 반대하기가 어렵다. 누구든 이 말에 설득될 것이다.

이렇게 배당을 받지 못해도 재원이나 영미는 웬만하면 주식을 팔지 않을 것이다. 각각 70%, 30% 주주이기 때문이다. 많은 돈을 투자한 데다 우현과 직접 대면하면서 치킨코리아의 경영에 대해 토론도할 수 있다. 우현을 도와 나중에 두둑한 이익을 남기면 배당을 더 많이 받을 것이라는 기대 또한 할 수 있고, 나중에도 배당금을 안 주겠다고 한다면 우현을 사장에서 해고할 수 있다. 그리고 그들은 언제든 바뀐 사장에게 그동안 쌓인 이익 전부를 배당하라고 명령할 수 있는 '대주주'이기 때문이다.

하지만 여러분이 상장한 치킨코리아의 주식 100만 원어치를 산 일반 주주인데, 회사가 배당을 한 푼도 안 하겠다고 한다면 어떻게 할 것인가? 대부분이 당장 주식을 팔고 그 돈을 일단 은행 예금에 넣을 것이다. 은행 예금은 적어도 1년 뒤에 정해진 금리에 따라 이자를 준다는 확실한 약속이 있으니 말이다. 계속 회사가 배당금을 주지 않으면 그 회사 주식을 팔아 버리고 예금이나 채권, 부동산과 같이 다른 자산을 구입하는 사람이 늘어날 것이다. 그리고 치킨코리아 주식을 사려는 사람은 지속적으로 줄어들어 주식 가격은 내려갈 것이다. 치킨코리아가 3년 차에 이익을 3억 원이나 남겼는데 또 배당을 하지 않는다면? 돈을 잘 버니 회사의 가치는 올라가겠지만, 치킨코리아의 주식은 인기가 더욱더 없어질 것이다. 언젠가는 치킨코리아가 배당을 많이 할 것이라고 믿으며 주식을 팔지 않는 사람도 있겠지만, 사람들은 계속 떠나갈 것이다. 회사가 배당하지 않을 것이라는 사람들의 믿음이 강해질수록 말이다. 고기나 채소의 품질이 정말 좋은데, 소비자에게 판매하는 가격을 낮추는 것은 어려운 일이다. 먹어 본 사람들이 그 가치를 쉽게 알게 되기 때문이다. 하지만 어떤 회사의 가치는 올라가는데 주식의 가격은 내려가는, 이 어이없는 현상을 만드는 건 참으로 어렵지 않은 일이다.

- - - - -

그렇다면 회사의 대주주들은 회사의 주식 가격이 오르는 것을 싫어할까? 물론 주식은 재산이고, 자기가 가진 재산이 불어나는 것을 싫어할 사람은 없다. 우리나라 부자 순위에 오른 대부분의 사람들이 주식 부자인 것을 생각해 보면 대주주들도 주식 가격이 오르는 것을 좋아할 것만 같다. 하지만 주식을 '아주 많이' 가진 사람들은 입장이 약간 다를 수 있다. 특히 우리나라의 경우가 그렇다. 우리나라의 상장회사는 대부분 개인 또는 개인 소유의 회사가 30% 이상의 상당한 지분을 갖고 있다. 앞에서 부른 것처럼 이 개인을 간단히 '회장'이라고 해보자.

회장은 회사의 주가가 높은 것을 좋아할까, 낮은 것을 좋아할까?

당연히 높은 것을 좋아할 거라고 생각하겠지만, 특별히 주가가 높다고 해서 좋지도 않고 낮아도 딱히 싫지 않은 것이 '회장의 마음'이다. 어떤 이유 때문일까? 우선 주가가 높아지는 것을 좋아하는 회장의 마음속을 들여다보자.

원래 주식 시장이 돌아가는 방식은 다음과 같다. 주식이 상장되면 수백, 수천 명의 새로운 주주가 생긴다. 그리고 창업자는 회사에 돈이 필요할 때 이 수많은 일반 주주에게 새로 주식을 발행해서 팔고 돈을 모은다. 은행에서 돈을 빌리지 않고도 갚지 않아도 되는 큰돈을 한꺼번에 수많은 사람으로부터 모을 수 있는 것이다. 이것이 주식을 상장할 경우 회사에 가장 좋은 점이다.

그런데 주식 시장에 주식을 새로 발행해서 팔 때는 원칙적으로 그 주식의 기존 가격보다 싸게 거래할 수 없다. 상장회사는 신주를 발행할 경우, 그 가격을 시장 가격에 맞춰야 한다고 법으로 정해져 있기 때문이다.[20] 따라서 창업자는 주가가 비쌀수록 주식을 적게 발행해도 같은 돈을 회사로 모을 수 있다. 새로운 주식을 적게 발행한다는 것은 회장이 돈을 더 내지 않아도 지분율이 크게 낮아지지 않는다는 뜻이다. 즉, 회장은 주가가 높아야 자신의 지분율을 지키면서 시장에서 회사로 많은 자본을 조달할 수 있다. 또한 많은 사람이 주가가 높아지리라 기대할수록 신주를 많이 살 테니, 회장이 원하는 만큼 자본 조달에 성공할 가능성이 높아진다. 이것이 대주주가 주가 상승에 신경을 쓰는 '본질적인' 이유다. 또 한 가지 우리나라만의 독특한 이유가 있다면, 주가가 높을수록 회장이 주식을 담보로 대출을 더 많이 받을 수 있다는 것이다. 우리나라 대기업의 회장들은 자신의 주식 중 평균 30% 정도를 담보로 설정해 은행에서 돈을 빌리고 있는데, 이 돈을 갚지 못할 경우에는 주식을 팔아야 한다. 그 때문에 주가가 높아야 적은 주식을 담보로 설정하면서 더 많은 돈을 빌릴 수 있다.

그렇다면 주가가 낮아지는 것을 좋아하는 회장의 마음속은 어떨까? 이들의 속내에는 세금 문제가 있다. 회장이 자식에게 회사를 물려주고 싶다면 주식으로 줘야 한다. 세금은 거래되는 가격이 낮을수록 적어진다. 자식에게 주식을 팔든 공짜로 주든 모두 세금을 내야 하는데, 파는 사람이 내야 하는 양도 소득세나 사는 사람이 내야 하는 취득세, 그리고 공짜로 줄 때 받는 사람이 내야 하는 증여세 모두 주식 가격이 낮을수록 적어진다. 물론 돈을 벌기 위해 주식을 팔 경우에는 주식 가격을 올려서 벌어들인 돈보다 세금을 더 많이 내야 하는 것은 아니므로 비싸게 파는 게 이익이다.

하지만 자식에게 회사를 물려주는 것은 회장이 돈을 더 많이 벌겠다는 목적으로 하는 것이 아니다. 같은 세금을 내고 주식을 더 많이 줄수록 남는 장사가 된다. 그러니 주가가 가장 낮을 때야말로 자식에게 주식을 넘겨주기 딱 좋은 시기다. 이때 자식에게 어느 정도 돈이 있다면 더욱 좋다. 새로 발행한 주식을 더 많이 가져갈 수 있기 때문이다. 실제로 주가 지수가 전체적으로 하락할 때 회장들의 주식 증여가 늘어나고, 재벌 대기업들이 자녀들에게 신주나 주식으로 바꿀 수 있는 증권을 발행하는 일이 붐을 이룬다. 옛날이야기가 아니라 2020년 '코로나19 사태'로 주가가 폭락한 상황에서도 비슷한 일이 반복됐다. 어차피 물려줄 것이니 세금이라도 아끼자는 생각이다.

주가가 오르면 지분율을 지키면서 회사와 회장 자신도 돈을 더 많이 쓸 수 있어 좋고, 주가가 떨어지면 자식에게 회사를 싸게 물려줄 기회가 생겨 좋은 것이 회장의 마음이다. 그리고 경우에 따라 배당을 조절하면 주가를 움직일 수 있다. 즉 돈이 필요할 때는 주주에게 배당을 많이 한다. 그러면 보통 주가는 오르기 때문에 회장은 배당금도 받고 주식을 담보로 돈을 더 많이 빌릴 수 있다. 반대로 당장 돈이 필요하지 않을 때는 배당을 적게 한다. 그래서 주가가 서서히 내려가면, 자식에게 회사를 물려주는 준비를 할 수 있다. 참 쉽고도 편리하다. 그렇다면 신주 발행을 통해 회사에 필요한 돈을 모은다는 주식 시장의 기본적인 기능은 어떻게 되는 걸까? 회장들은 이런 방식으로 자본 조달하는 것을 특별히 싫어하는 걸까? 물론 각자 사정에 따라 다르겠지만, 대체로 우리나라에서는 은행이 대기업에 돈을 꽤 잘 빌려주기 때문에 회장들은 그 필요성을 못 느끼는 듯하다.

- - - - -

결론적으로 어떤 회사 전체의 가치와 회사 주식 1주의 가치에 전체 주식 수를 곱한 수치는 서로 완전히 다른 얘기다. 수박 한 통이 아무리 맛있게 잘 익었다 해도, 자른 조각에 단물을 쪽 빼서 판다면 그 한

[그림 27] 완전한 수박 한 통과 수박 조각의 가치는
그 조각을 어떻게 파느냐에 따라 달라질 수 있다.

조각의 값은 형편없을 수 있다는 말이다.

만약 여러분이 치킨코리아 전체의 주식, 즉 100% 지분을 가진 주주라면, 회사의 영업 이익을 어느 때든 모조리 자신에게 배당할 수 있다. 지금 당장 배당하지 않는다고 해도 언제든 우현은 여러분의 말에 따라 법적으로 남겨야 하는 부분만 빼고 이익 전부를 배당할 것이다. 그러니 치킨코리아 전체의 가치는 치킨코리아가 사업을 해서 실제로 남기는 이익에 따라 결정된다. 그럼 치킨코리아가 첫해 3000만 원, 2년 차에 1억 원, 3년 차에 3억 원을 벌어들인 회사라면 여러분은 그 회사를 얼마에 살 것인가? 50억 원 정도면 충분하지 않을까? 50억 원을 은행에 예금할 경우 1년에 이자로 1억 원을 받고, 50억 원짜리 건물을 살 경우 임대료로 2억 원을 받는다고 가정해 보자. 그런데 지난 3년간 치킨코리아의 실적을 살펴봤더니 앞으로 더욱 성장해 예금 이자나 임대료보다 더 벌 수 있을 것으로 기대된다. 물론 이익을 모두 배당하지는 않겠지만 성장할 가능성이 높은 회사이고 나중에 더 많이 배당받을 수 있을 것이므로 50억 원 정도의 가치가 충분히 있다. 게다가 이렇게 배당을 결정하는 데는 100% 지분이 필요한 것도 아니다. 상장회사라면 30% 정도만 있어도 된다. 이 얘기는 뒤에서 자세히 할 예정이다.

하지만 치킨코리아 주식 1주를 가진 일반 주주라면 어떨까? 치킨코리아의 주식이 전부 1만 주라면, 1주는 0.01%다. 이 정도를 가진 주주가 사장 우현에게 뭐라고 한들 그는 제대로 듣지 않을 것이다. 왜 배당을 하지 않느냐고 항의하면, 우리는 사업 확장을 위해서 배당하지 않을 생각이니 미안하지만 그냥 팔고 다른 주식을 사라고 할지도 모른다.

여러분은 50억을 주식 수 1만으로 나눈 값인 50만 원에 이런 주식을 사고 싶은가? 아무리 장기간 갖고 있어도 1원도 생기지 않는 회사의 주식이라면, 50만 원이 아니라 5만 원이어도 사고 싶지 않을 것이다. 물론 회사의 가치가 올라가고 언젠가는 배당할 것이라는 희망을 가진 다른 사람에게 팔 수도 있다. 그러나 치킨코리아가 매년 배당을 하지 않으면 그런 기대를 거는 사람은 줄어들 것이다. 또 살 만한 다른 좋은 주식이 많은 상황에서 굳이 치킨코리아 주식에 관심을 가지지는 않을 것이다. 이런 수요와 공급의 법칙에 의해 치킨코리아 주식은 '저평가'된다. 기업 가치 50억 원을 주식 수 1만으로 나눈 50만 원이 아니라 현저히 낮은 가격, 예컨대 10만 원이나 20만 원 정도로 거래될 것이다.

이제 좀 정리를 해 보자. 이렇게 배당을 거의 하지 않는 경향이 계속 된다면, 치킨코리아의 주식 1주 가격에 전체 주식 수를 곱한 것은 치킨코리아라는 회사의 가치와 아무 상관없는 숫자가 된다. 이 수치를 '시가 총액'이라고 하는데, 실제로 50억 원의 가치가 있는 회사의 시가 총액은 10억 원일 수도 20억 원일 수도 있다.

반대로 말하면, 시가 총액이 10억 원이나 20억 원인 회사의 가치가 사실은 50억 원 정도인 경우가 발생 가능하다는 얘기다. 게다가 누군가가 마음대로 배당을 결정하는 회사의 주식일 경우, 배당을 언제 얼마나 받을지 예측이 불가능하고 일관성도 없기 때문에 주가는 계속 내려가게 된다. 인간이라면 누구나 불확실한 것을 싫어하지 않는가. 그러면 실제 가치가 50억 원인 회사의 시가 총액은 10억 원이나 5억 원일 수도 있다. 마치 주식이 정가보다 할인discount 되어서 거래되는 것과 같은 모양새다.

이 외에도 다양한 요소가 주가를 결정하지만, 배당과 주가의 관계는 현실에서 꽤 관련도가 높다. G20라고 불리는 주요 선진국 증시와 비교해 보면, 한국 주식 시장에 상장된 회사들은 벌어들인 돈을 주주들에게 배당으로 나눠 주는 비율이 가장 낮다. 외국 회사들은 보통 그해에 사업을 해서 남긴 이익 중 30~40%를 주주들에게 배당금으로 지급한다. 하지만 한국 회사들의 지급액은 고작 17% 남짓이다. 압도적으로 꼴찌의 배당 성향[21]을 자랑한다.

게다가 들쭉날쭉하다. 작년에 많이 배당했다고 해서 올해도 그렇

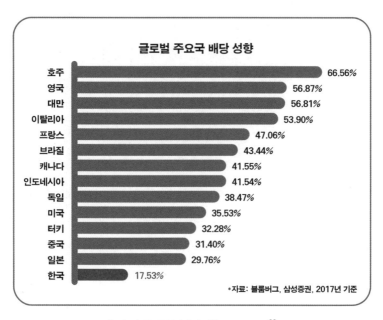

[그림 28] 주요국 증시 배당 성향(이익 대비 배당률)[22]

게 배당하는 것도 아니고, 올해 적게 배당했다가 다음 해에 갑자기 많이 배당하기도 한다. 앞에서 말한 이유 때문이기도 하지만, 더 일반적인 이유가 있다. 우리나라 재벌 대기업 그룹의 대주주, 즉 회장은 지분율이 낮긴 하지만 합법적으로 돈을 벌 수 있는 방법이 배당 외에도 많기 때문이다. 밀어주기, 몰아주기, 통행세, 지주회사, 마법 쿠폰 그리고 여러 회사의 임원을 겸직하면서 받는 높은 급여와 같이 회장만이 이용할 수 있는 비법은 이미 많다. 그러니 자신을 포함해 다른 주주에게도 지분율에 따라 공평하게 주는 배당을 많이 할 필요가 없는 것이다.

지금껏 재벌법 이야기를 하다가 왜 이 장에서는 갑자기 주식과 주가에 대해 얘기한 것인지 의아한 사람도 있을 것이다. 다음 장부터는 실제 기업의 가치와는 별개로 조절이 가능한, 상장된 주식의 가격을 이용하는 재벌(이 돈 버는 방)법을 배울 것이다. 주식 시장에서의 '주가'가 최신 고급 비법의 핵심 포인트이기에 예습을 해 본 것이다.

그리고 이것이 바로 여러분이 가끔 언론에서 보고 듣는 '코리아 디스카운트Korea Discount'[23]의 주된 이유 중 하나이기도 해서다. 회사가 아무리 좋아도 주주에게 배당해 주지 않는 회사의 주식을 왜 비싼 값을 주고 사겠는가?

여기에서는 이 정도로 정리하고 다음 장부터 이제 재벌법 '고오급' 편의 세계로 들어가 보자.

고급 1단계:
주가 이용해 합병하기

'상장'은 많은 재벌법에서 화룡점정으로 이용된다. 밀어주기나 몰아주기와 같이 회장님 회사를 키우는 방법은 대부분 상장을 통해 마지막 축포를 터뜨린다. 상장의 의미를 되짚어 보면 그 연유를 이해할 수 있다. 같은 회사의 주식이라도 상장되지 않았을 때, 즉 사람들이 쉽게 거래할 수 없는 상태에서는 돈으로 바꾸기가 어렵다. 그래서 그 가치가 높지도 않고 다른 돈 버는 방법으로 잘 이용되지 않는다.

하지만 상장 주식의 경우, 그것을 팔면 곧바로 돈으로 만들 수 있기 때문에 가치가 훨씬 높다. 당장 현금으로 바꿀 수 있는 재산과 그렇지 않은 재산의 가치는 실제 큰 차이가 있다. 비트코인처럼 현실 세계에서 아무런 가치가 없던 재산이 하나에 수백만 원 넘는 가치를 갖게 된 것도 언제든 현금과 바꿀 수 있게 되어서다.

재벌법 고급 편은 중급 편에서 배웠던 합병, 분할, 자기주식 그리고 지주회사를 이용하는 일종의 응용·심화 편이다. 중급 비법은 그 자체만으로도 상당한 효과가 있지만, 상장회사와 함께 이용할 때 훨씬 극적인 효과를 낼 수 있다. 이 장에서는 중급의 다양한 레시피에 '상장 주식'이라는 최신 고급 양념을 추가하는 방법을 알아볼 것이다. 합병을 이용하는 방법, 그리고 분할과 지주회사를 이용하는 방법, 이 두 가지 중급 레시피에 상장 주식 기법을 활용하는 게 가장 대표적이다. 최근에는 상장폐지를 이용하는 기법도 주목을 받고 있다.

첫 번째로 '합병 재벌법'에 '상장 주식'을 응용해 보자. 앞에서 우리는 합병을 이용한 재벌법을 배웠다. 치킨코리아의 식용유 공급을 좋은기름㈜에 몰아줘서 좋은기름㈜의 덩치를 키우고 적당한 시기에 치킨코리아와 합병시킨다. 그러면 재원 70%, 영미 30%였던 지분율이 합병 후에는 재원과 지혜가 합쳐서 80%, 영미는 20%로 줄어드는 효과를 보았다. 치킨코리아의 기업 가치를 100억 원, 좋은기름㈜의 가치를 50억 원으로 계산했기에 나온 값이다. 기업 가치를 계산하는 방법은 다양하고 목적에 따라 다르기도 하지만, 여기서는 두 회사의 가치를 같은 방법으로 산정했다고 가정한다.

그런데 현실에서는 기업 가치의 산정 방법이 적절한지, 적용된 사실들이 맞는지, 계산 결과는 합리적인지와 같은 문제를 두고 주주들이 치열하게 다투는 경우가 많다. 당연히 그 계산 결과에 따라 자신의 지분율, 자신의 재산 가치가 순식간에 좌우되기 때문에 모두 눈에 불을 켜고 정확한지 뜯어본다. 자신에게 불리한 오류는 없는지 꼼꼼하게 체크하는 것이다.

그런데 우리나라의 상장회사라면 이런 복잡한 절차에 대해서 고민할 필요가 없다. 상장회사가 합병할 때 회사의 가치를 산정하는 방법을 친절하게 법[24]으로 정해 놓았기 때문이다. 게다가 중학생도 풀 수 있는 쉬운 수학 공식으로 말이다. 합병을 결정한 날로부터 아래 a, b, c를 모두 더한 다음 평균을 구하면 끝이다.

    a. 직전 1개월 동안의 거래량 가중 평균 종가[25]

    b. 직전 1주일 동안의 거래량 가중 평균 종가

    c. 전날의 종가

합병은 어려운 것인 줄 알았겠지만, 세계에서 유례를 찾기 힘들 정도로 쉬운 방법이 우리나라에 있다. 두 회사 주주들의 복잡한 이해관계를 조정하는 과정이 바로 합병인데, 단순한 공식 하나로 해결하다니 그저 놀라울 뿐이다.

이렇게 법으로 정해 둔 이유가 뭘까? 이 산식에는 두 가지의 모순된 생각이 깔려 있다. 첫 번째는 상장된 주식의 가격이 그 회사의 객관적인 가치를 대변한다는 생각이다. 시장경제의 '시장'에서 거래되는 가격은 가장 공정하게 그 물건의 가치를 의미하는 것이고, 주식시장도 '시장'이니 그런 시장에서 거래되는 주식 1주의 가격에 전체 주식 수를 곱한 것은 가장 공정한 그 회사의 가치라는 논리다. 하지만 주식 1주의 가치와 회사 전체의 가치가 따로 놀 수 있다는 점을 충분히 이해한 여러분은 이런 생각이 옳지 않다는 점 역시 납득할 것이다.

그런데 재미있게도 이 산식에 깔려 있는 두 번째 생각은 반대로 상장 주식의 가격이 그 회사의 객관적인 가치가 아닐 수 있다는 '의심'이다. 자연스러운 '시장의 힘'이 아니라 다른 이유로 오르내릴 수 있고, 또 나쁜 마음을 먹은 누군가가 인위적으로 올리고 내릴 수 있다는 생각이다. 그래서 딱 하루의 주식 가격으로 합병을 결정하지 말고 어느 정도 기간을 두라고 한 것이다. 알 수 없는 이유로 주가가 오르내렸더라도 '한 달'이라는 기간을 주면 그 오류는 상쇄되고 최대한 객관적이고 정당한 시장의 가치가 산정될 것이라는 믿음이 들어 있다.

정리하면, 합병을 결정한 두 상장회사는 주식 시장에서 주식 1주의 가격에 전체 주식 수를 곱한 것을 회사의 가치로 계산해서 합병 비율을 결정하게 된다. 이때 합병을 결정한 그 날의 주가를 기준으로 해서는 안 된다. 그러면 정확하지 않을 수 있고 누군가 비율을 조작할 염려도 있으니, 그전 한 달간 주가의 평균을 냄으로써 그것을 막는다.

설마 한 달 내내 시장에 이례적인 상황이 펼쳐지거나 누군가 끈질기게 돈을 써서 주가를 올리거나 내리지는 못할 것이라는 자못 순진한 생각이 이 법에 깔려 있다. 하지만 한 달은 너무 짧지 않은가. 회사에서 어떤 일을 결정할 때, 특히 합병과 같은 중대사를 결정할 때는 훨씬 오래전부터 논의가 시작되기 마련이다.

이렇게 모순된 두 가지 생각에서 나온 이 법은 우리나라 주식 시장이 아직 걸음마 단계였던 1990년대에 도입됐다. 아직 기업 가치 평가에 필요한 기법이나 정보, 투명한 회계 관행 등이 절대적으로 부족했던 시절이다. 그래서 일단 시장에서 거래되는 주식의 가격에 의존하지만, 덜 미더운 점이 있어서 한 달 동안 평균을 내 보자고 했던 것으로 보인다. 이런 법이 20년도 더 지나 경제 규모가 5배나 커지고 주식 시장 규모도 10배 이상 커진 오늘날에 똑같이 적용되고 있다는 것 자체가 매우 놀라운 일이다. 앞으로 기억하기 쉽도록 이 법을 '한 달 평균법'이라고 부르자.

이제 한 달 평균법을 합병의 재벌법에 활용해 볼 차례다. 치킨코리아와 좋은기름㈜가 합병하려고 하는데, 치킨코리아의 70% 주주인 재원이 합병 후 지분율을 더욱 높이려 한다면 어떻게 해야 할까?

합병 당시 치킨코리아의 기업 가치는 약 100억 원, 좋은기름㈜는 약 50억 원이었다. 그리고 이런 비율로 합병을 해서 치킨코리아그룹이라는 하나의 회사가 된 후 지분율은 재원과 지혜가 합쳐서 80%, 영미는 20%가 됐다. 덕분에 지분율이 꽤 올라서 재원에게 좋은 상황이 되었다. 그 계산은 아래와 같다.

· 합병 전

치킨코리아(100): 재원 70%, 영미 30%

좋은기름㈜(50): 지혜 100%

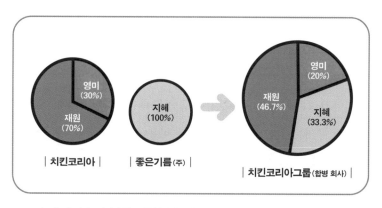

[그림 29] 치킨코리아와 좋은기름㈜의 합병 후 지분율 변화를 그래프로 보면 다음과 같다.

· 합병 후

치킨코리아그룹(150): 재원 46.7%(70/150), 영미 20%(30/150),

지혜 33.3%(50/150)

치킨코리아와 좋은기름㈜가 상장회사라고 가정해 보자. 매일 두 회사의 주식이 '시장'에서 거래되고 가격이 생긴다. 그리고 '한 달 평균법'에 따라서 두 회사의 주가 비율을 하루하루 정확히 계산할 수 있다. 매일 기준을 확인하고, 합병할 경우 두 회사의 주주들이 합병된 회사의 주식을 얼마나 받을 수 있는지 체크할 수 있다. 이렇게 시장을 살펴보던 재원이 사장 우현에게 치킨코리아가 아무리 이익을 많이 내도 배당을 거의 하지 말아 달라고 요청한다. 이에 우현은 아무 이유 없이 휴업을 하고 손님을 다른 가게로 보내며 이익을 떨어뜨리고 배당을 거의 하지 않는다. 좋은기름㈜의 사장 지혜는 회사의 이익을 대부분 배당한다. 그러자 치킨코리아 주가는 계속 떨어지고 좋은 기름㈜의 주가는 계속 오른다.

분명 치킨코리아가 좋은기름㈜보다 훨씬 큰 회사지만, 만약 치킨코리아와 좋은기름㈜가 계속 같은 금액을 배당한다면 이론적으로 두 회사의 주가는 같아질 수 있다. 주가 비율이 1:1이 되고, 주가가 한 달 이상 비슷하게 유지됐을 때, 두 회사는 합병 결의를 한다. 두 회사가 발행한 주식 수도 똑같고 치킨코리아의 한 달 주가 평균도 1만 원, 좋은기름㈜도 1만 원이라면, 합병 비율은 1:1이 된다. 이렇게 되었을 때 합병 후 재원, 영미, 지혜의 지분율은 어떻게 바뀔까?[26]

· 합병 전

치킨코리아(100): 재원 70%, 영미 30%

좋은기름㈜(100): 지혜 100%

· 합병 후

치킨코리아그룹(200): 재원 35%(70/200), 영미 15%(30/200),

지혜 50%(100/200)

한 가족인 재원과 지혜는 85%, 영미는 15%가 되어서 좋은기름㈜가 50이었을 때보다 재원과 지혜의 지분율이 5% 더 높아졌다. 100과 100을 합쳐서 200이 되었고, 합병 후 기존 지분율대로 가져가자 재원의 지분율이 낮아지고 지혜의 지분율이 높아진 것이다.

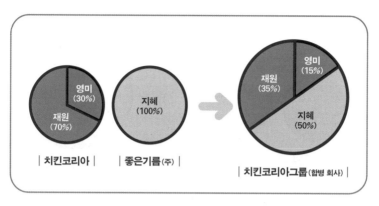

[그림 30] 치킨코리아와 좋은기름㈜의 주가가 같을 경우 합병 전과 후의 지분율은 이렇게 달라진다.

그렇다면 좋은기름㈜가 치킨코리아보다 훨씬 더 배당을 많이 해서 주가가 더 높아진다면 어떤 상황이 벌어질까? 지난 한 달간 좋은기름 ㈜ 주가가 치킨코리아의 2배였을 경우, 어떤 결과가 돌아오는지 계산해 보자. 치킨코리아의 한 달 평균 주가는 7500원이고 좋은기름㈜가 1만 5000원이라면 다음과 같은 결과가 된다.

· 합병 전

치킨코리아(100): 재원 70%, 영미 30%

좋은기름㈜(200): 지혜 100%

· 합병 후

치킨코리아그룹(300): 재원 23.3%(70/300), 영미 10%(30/300),

지혜 66.7%(200/300)

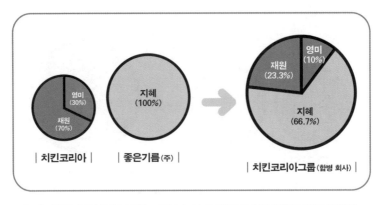

[그림 31] 좋은기름㈜의 주가가 치킨코리아보다 더 높을 때 합병 전과 후 지분율은 이렇게 달라진다.

여러분은 이제 재원과 지혜의 지분율이 90%가 되고, 영미의 지분율이 10%로 쪼그라드는 현상을 지켜볼 수 있다. 치킨코리아와 좋은기름㈜의 사업 자체에는 어떤 변화도 없었는데, 좋은기름㈜의 기업가치가 50억 원이 아니라 200억 원, 치킨코리아의 2배로 평가되었기 때문에 생긴 일이다.

좋은기름㈜가 사업을 정말 잘해서 이익을 4배로 늘리고, 그 결과 기업 가치가 4배 늘어났다고 평가받기 위해서는 대단한 노력이 필요하다. 이와 달리 배당만 4배로 늘리는 것은 그리 어려운 일이 아니다. 회사는 사업을 해서 버는 돈의 일부만 배당하기 때문이다. 예컨대 잉여금의 10%만 배당하는 회사라도 언제든 마음만 먹으면 그 4배인 40%를 배당할 수 있다(물론 벌어들인 돈이 있어야 한다는 전제가 있다). 반대로 배당을 확 줄이는 것은 더욱 쉽고 심지어 배당을 하지 않아도 된다. 매년 이익이 나지만 배당을 아예 하지 않는 상장회사도 많다.

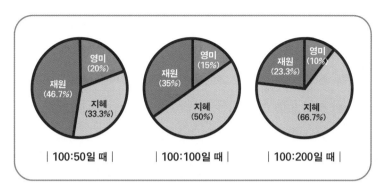

| 100:50일 때 | 100:100일 때 | 100:200일 때 |

[그림 32] 치킨코리아와 좋은기름㈜의 기업 가치에 따른 합병 결과다.
순서대로 100:50, 100:100, 100:200을 적용했다.

정리하면 상장회사의 경우, 실제 이익이 많이 남지 않아도 주가를 올릴 수 있고 그중 가장 쉬운 방법이 주주들에게 주는 배당금을 조절하는 것이다.

이 '상장회사 합병의 마법'은 재벌법 중에서도 꽤 예전부터 이용되어 온 방법 중 하나다. 합병의 마법을 부리고 싶은 대주주들은 회사가 상장될 때까지 기다려서 이 방법을 이용한다. 상장이 되면 주주들이 많아지고, 큰 논란이 될 수 있음에도 불구하고 그렇게 하는 것은 '한 달 평균법' 때문이다. 원래 합병을 하게 되면 두 회사의 주주들 사이에 큰 다툼이 벌어질 수밖에 없다. 방처럼 그 크기가 한눈에 보이고 정확히 잴 수 있는 것이 아니기에 누구든 자기가 주식을 갖고 있는 회사가 더 좋다고 생각한다. 그러므로 두 회사를 합병한 뒤 어떤 비율로 새롭게 주식을 나누어 줄지에 대해 서로 합의점을 찾기가 어려운 것은 지극히 정상적인 일이다.

하지만 상장만 하면, 법에 규정된 '한 달 평균법' 계산식에 따랐다고 할 수 있으니 딴지를 놓기가 어렵다. 지금까지 법원에서도 대놓고 주가를 조작했다는 증거가 나오지 않는 한 그 합병에 대해 무효 판결을 내린 적이 없다. 그냥 하는 말이 아니라 대법원의 판례가 그렇다. 하지만 주가 변동은 주식 시장에서 거래에 의한 조작을 통해서만 일어나는 게 아니다. 배당이나 사업을 조절해서 또는 좋은 기사나 나쁜 기사를 계속 내보내기만 해도 주가에 영향을 미칠 수 있다.

물론 이것은 우리나라에서만 가능하지 외국에서는 어림없는 일이다. 지난 2018년 미국 테슬라의 CEO이자 이사회 의장이었던 일론 머스크가 트위터에 '테슬라를 주당 420달러에 상장폐지하는 것을 고려하고 있다. 자금은 마련되었음'이라는 짧은 문구를 올렸다가 투자자를 오도한 혐의로 200억 원이 넘는 벌금을 내고 이사회 의장에서 물러났을 정도로 외국의 주식 시장 관련 규제는 강력하다.[27]

그런데 이런 일이 있었다면 어떨까? 헐크 역을 캐스팅하는 공개 오디션에서 원래 덩치가 큰 A가 실제보다 작아 보이기 위해 체형 보정 속옷을 입고, 압박붕대로 몸을 휘감은 뒤, 까만색 세로줄 무늬 옷을 입고 나타나서는 자신에게 투표하는 관객에게 100원씩 주었다. 그리고 덩치가 작은 B는 커 보이기 위해 옷을 껴입고 자기 사이즈보다 훨씬 큰 오리털 패딩을 입고 나와서 자신에게 투표하는 관객에게 1000원씩 주었다. 그러자 B의 인기가 더 높아졌고, B의 배역 비중 또한 당연히 늘어났다. A와 B 모두 엄청 힘들었지만, 한 달 동안만 이렇게 하고 있으면 되니 그렇게 어려운 일은 아니라고 생각했다.

도대체 A는 헐크 역 오디션에 나갔으면서 왜 작고 날씬해 보이려고 그 난리를 친 것일까? 왜 헐크 역에 어울리지도 않는 B를 그렇게 밀어준 것일까? A는 차라리 오디션에 나가지 말지 왜 오디션에 나가서 이상한 행동을 계속했던 것일까? 여기에는 슬픈 사연이 숨어 있다. 사실은 A와 B가 형제였는데 아버지가 B를 편애했기 때문에 이같은 일이 벌어졌던 것이다.

현실에서 일어난 실제 스토리는 다음과 같다. 마법 쿠폰 사건 이후 A사에 대한 회장과 그 가족의 지분율, 그리고 같은 그룹 내에서 가장 큰 기업인 C사의 주식을 4%가량 소유한 B사에 대한 회장과 그 가족의 지분율은 다음과 같았다.

	A사	B사
회장	3.45%	1.41%
자녀 1	23.24%	0%
자녀 2	7.75%	0%
자녀 3	7.75%	0%
합계	42.19%	1.41%

위와 같이 회장과 그 가족은 B사 지분율이 낮고 A사 지분율이 높으므로, 두 회사를 합병할 때 B사의 합병가액 비율이 낮게 산정될수

록 회장과 그 가족의 합병 회사 지분율이 높아지게 된다. 그리고 전체 그룹의 주력 기업이라고 할 수 있는 C사를 더욱더 강력하게 지배할 수 있게 된다. 그럼으로써 회장은 A사와 B사의 경영에 지배적인 영향력을 행사할 수 있다. 이렇게 하려면 '한 달 평균법'에 따라서 합병 기준일 전 1개월간 A사의 주가는 상대적으로 높게, B사의 주가는 상대적으로 낮게 형성되어야 한다.

B사는 건설업을 주력으로 하고 무역업도 하는 회사다. 많은 증권사가 합병 전 건설업종의 주가 상승을 예상했고 2년 연속 시공 능력 국내 1위를 차지한 B사의 주가도 상승할 것으로 예측했다. 그런데 그해 초부터 합병 기준일까지의 주가를 보면, 다음의 표와 같이 다른 건설 회사들은 모두 17~33% 상승하였는데 B사만 약 9% 하락했다.

합병하기 전 해부터 주식 시장에서는 A사와 B사의 합병이 예상되었다. 그러던 중 연말에 A사가 상장되어 결국 두 회사가 합병할 것이라는 전망이 널리 공유되었는데, A사의 상장 후 B사의 실적은 부진했다. 예를 들어 주택 경기가 회복되어 주요 건설사들이 신규 공급을 대폭 확대했음에도 B사는 합병 결의 전 300여 가구만 공급했고, 합병 결의 후에는 10만 994가구를 공급하겠다고 밝히는 대조적인 모습을 보였다. B사는 그 밖에 대형 발전소 프로젝트를 수주한 사실을 합병 결의 이후에 공개했고, 자신이 주관하던 공사 일부의 주관사를 다른 계열회사로 변경하기도 했다.

결과적으로 시장에서 전망했던 것처럼 5월에 합병 결의가 이루어

	연초 대비 변동률
B사	8.9% 하락
H 건설사	17.2% 상승
G 건설사	33.0% 상승
W 건설사	31.5% 상승
D 건설사	29.6% 상승
건설업 주가 지수	28.7% 상승
유통업 주가 지수	16.4% 상승

졌고, '한 달 평균법'에 따라 A사의 기업 가치가 B사의 약 2.5배가량 이라는 계산하에 합병 비율이 결정됐다. A사와 B사의 합병 후 회장 과 그 가족의 지분율은 다음과 같이 30%를 넘게 되었다. 회장 등의 지분율이 높은 A사의 가치가 B사보다 월등히 높게 평가되었기 때문 이다.

	A사	B사	합병 회사
회장	3.45%	1.41%	2.86%
자녀 1	23.24%	0%	16.54%
자녀 2	7.75%	0%	5.51%
자녀 3	7.75%	0%	5.51%
합계	42.19%	1.41%	30.42%

이는 풍문이나 카더라 통신에 나오는 얘기가 아니다. 실제 법원의 결정문에[28] 기록된 사실관계를 쉬운 표현으로 약간 바꿔서 옮겼을 뿐이다.

18

고급 2단계: 주가 이용해 지주회사 만들기

두 번째는 앞서 배운 지주회사의 마법에 상장 주식을 활용하는 비법을 살펴볼 차례다. 상장회사를 분할해서 지주회사로 만드는 것이다.

먼저 지주회사의 마법을 복습해 보자. 자기주식을 가진 회사를 인적 분할하여 A사와 B사 둘로 나란히 나눈다. 그러면 회사 안에 있던 자기주식도 A와 B 둘로 나뉜다. 둘을 모두 지주회사가 될 A사 그릇에 넣어 두고, 회장이 갖고 있는 B사 주식을 A사가 갖고 있는 자기주식(A사 주식)과 바꾼다. 이런 과정을 통해 회장은 A사 주식만 가지고, A사는 B사 주식만 가지도록 하면 회장-A사-B사로 이어지는 깔끔한 지주회사 구조가 탄생한다.

그런데 이렇게 분할하기 전에 회사가 이미 상장했다면 효과가 극대화된다. 주식을 시장에서 공개 매수할 수 있고 또 주가의 변동을

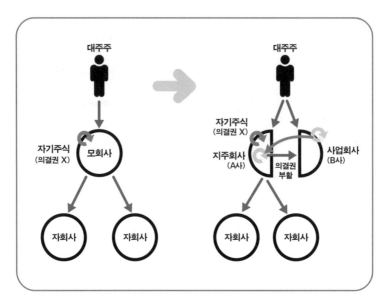

대주주

대주주

자기주식
(의결권 X)

모회사

자기주식
(의결권 X)

지주회사
(A사)

의결권
부활

사업회사
(B사)

자회사

자회사

자회사

자회사

[그림 33] 지주회사의 마법을 그림으로 다시 한 번 복습해 보자.

이용할 수 있기 때문이다. 구체적으로 어떤 방법인지 살펴보자.

상장회사가 분할을 하면, 잠시 거래를 중단시켰다가 분할된 주식을 재상장하는 절차를 거쳐야 한다. 회사가 나뉘면서 주식도 똑같이 나뉘기 때문인데, 원래는 사람들이 갖고 있던 주식을 모두 돌려받은 뒤, 둘로 나눈 다음에 돌려주는 게 원칙이다. 실무적으로는 기존 회사의 주식은 그대로 갖고, 분할로 신설되는 회사의 주식은 새로 발행해서 주주들에게 지급한다. 하지만 상장회사는 주주들이 주식을 직접 갖고 있지 않고 예탁결제원이라는 곳에 모아 두기 때문에 돌려받을 필요가 없다. 모아 둔 곳에서 한꺼번에 둘로 자른 다음에 다시 상장을 시키면 된다. 재상장하는 첫날 분할되는 비율에 따라 주가 또한 다시 결정된다. 예를 들어 주가가 1만 원이었던 회사가 1:1로 분할되면(주식 수가 같다는 전제하에) 각각 5000원과 5000원으로 주가를 결정해서 두 개의 주식을 재상장시키면 된다. 이제 주식 두 개의 가격이 따로 오르내릴 수 있게 되는 것이다. 이렇게 하나였던 주식이 둘로 나뉘면 주가는 나란히 움직일까? 그게 아니라면 어떻게 변할까?

여기에서 상장회사라는 양념이 위력을 발휘한다. 사람들은 주식만 갖고 있는 지주회사보다 실제로 사업을 하는 회사의 주식을 더 선호한다. 실적이 눈에 보이고, 바로 배당받을 수 있기 때문이다. 반면 지주회사는 사업을 직접 하는 자회사들로부터 배당을 받아야 수입이 생긴다. 돈을 벌기 위해 한 단계가 더 필요한 것이다. 만약 사업을 하는 자회사들이 돈을 벌어도 배당을 하지 않으면 원칙적으로 지주회사의 매출은 없게 된다(물론 현실에서는 브랜드 사용료, 사무실 임대료, 경영 자문료 등을 포함한 여러 방법으로 지주회사가 자회사들로부터 돈을 받는다).

그래서 분할 후에 주식을 재상장하면, 사람들은 지주회사 주식을 팔고 직접 사업을 하는 자회사 주식을 사려는 경향을 보인다. 이 때문에 지주회사가 될 회사의 주가는 떨어지고 자회사가 될 회사의 주가는 올라가는 현상이 벌어진다. 여기에 슬쩍 조미료를 쳐 보면 어떨까? 사업을 하는 자회사에는 주식만 가진 지주회사보다 사업과 관련된 소식이 더 많을 수밖에 없다. 사업과 관련해 살짝 장밋빛 전망을 흘려 준다면 어떤 일이 벌어질까? 또 사업하는 자회사가 배당을 엄청

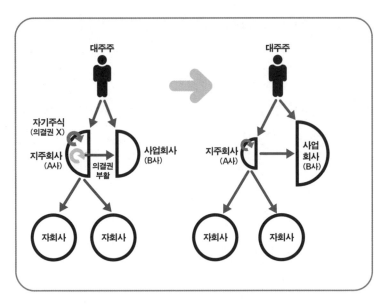

[그림 34] 사업하는 자회사의 주식 가치가 3배가 되는 상장회사의 마법.

많이 하겠다고 선언한다면? 이런 상황 속에서 재상장된 두 회사의 주가가 각각 2500원과 7500원이 되었다고 생각해 보자. 이제 지주회사와 자회사의 가치는 1:3이 되었다. 다르게 말하면, 자회사 주식 1주를 지주회사 주식 3주와 바꿀 수 있게 됐다. 이때 회장이 가진 나머지 자회사 주식을 지주회사 주식과 바꾸면 어떤 일이 생기는지 보자. 회장은 자회사 주식 1주를 지주회사에 주고 그 대가로 지주회사 주식 1주가 아니라 3주를 받을 수 있게 된다!

치킨코리아를 코리아홀딩스㈜와 뉴치킨코리아로 나눴던 이야기를 떠올릴 시간이다. 치킨코리아에 대한 재원의 지분율은 20%이고 치킨코리아가 자기주식 10%를 갖고 있었던 사례다. 조금 더 쉽게 모든 회사가 주식을 100주씩 발행했다고 가정하고 계산해 보자. 치킨코리아를 코리아홀딩스㈜와 뉴치킨코리아로 분할한 직후, 재원은 코리아홀딩스㈜ 주식 20주를 갖게 됐고, 코리아홀딩스㈜가 뉴치킨코리아 주식 10주를 갖게 됐다. 그리고 재원이 가진 뉴치킨코리아 주식 20주를 코리아홀딩스㈜의 주식과 바꾸는 것이 다음 단계다.

코리아홀딩스㈜와 뉴치킨코리아로 나눴을 때 기업 가치가 같다면, 즉 두 회사의 비율이 코리아홀딩스㈜:뉴치킨코리아=1:1일 경우, 재원은 뉴치킨코리아 주식 1주를 주고 코리아홀딩스㈜ 주식 1주를 받을 수 있다. 재원이 뉴치킨코리아 주식 20주를 코리아홀딩스㈜에 주면, 코리아홀딩스㈜는 재원에게 자기주식으로 갖고 있던 코리아홀딩스㈜ 주식 20주를 주게 된다. 코리아홀딩스㈜는 원래 갖고 있던 자기주식이 10주밖에 없었으니 10주는 새로 발행해서 줘야 한다.

정리하면 코리아홀딩스㈜는 모두 110주의 주식을 발행하게 되고, 그중 재원은 원래 갖고 있던 20주에 코리아홀딩스㈜에서 받은 20주를 합쳐 40주를 갖게 된다. 이렇게 되면 재원의 코리아홀딩스㈜ 지분율은 약 36.3%가 된다. 그리고 코리아홀딩스㈜가 재원에게서 뉴치킨코리아 주식 10주를 받으면 뉴치킨코리아 주식 30주를 갖게 되고, 뉴치킨코리아는 새로 주식을 발행하지 않았으니 전체 주식 100주 중 코리아홀딩스㈜가 30주를 가지게 되어 코리아홀딩스㈜의 지분율은 30%가 된다. 재원-코리아홀딩스㈜-뉴치킨코리아의 지분율은 각각 36.3%, 30%로 이어지는 결과가 된다.

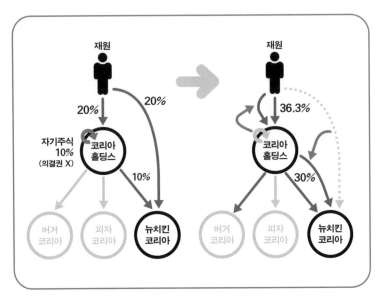

[그림 35] 주식 가격이 변동하지 않을 때 지주회사 지분율은 위와 같이 변한다.

그런데 만약 코리아홀딩스㈜ 주가는 떨어지고 뉴치킨코리아 주가
는 올라가서 두 회사의 주가 비율이 1:3이 된다면 어떤 상황이 벌어
질까? 이제 재원은 뉴치킨코리아 주식 1주로 코리아홀딩스㈜ 주식
3주를 바꿀 수 있게 된다. 똑같이 뉴치킨코리아 주식 20주를 코리아
홀딩스㈜에 주면, 코리아홀딩스㈜ 주식 60주를 받을 수 있다. 코리아
홀딩스㈜는 자기주식 10주에 새로 주식 50주를 발행해서 재원에게
줄 것이다. 그러면 코리아홀딩스㈜가 발행한 전체 주식은 150주로 늘
어나고, 재원이 갖게 되는 주식도 원래 갖고 있던 20주에 새로 받은
60주를 합쳐서 80주가 된다. 재원의 코리아홀딩스㈜ 지분율이 무려

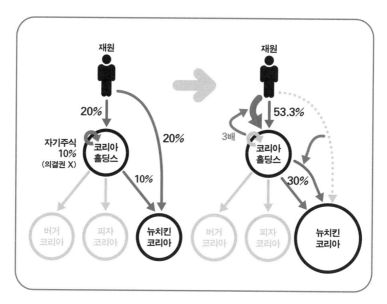

[그림 36] 주가 변동으로 인해 1:3 비율로 교환할 때 지분율의 변화다.

53.3%(=80/150)가 되는 것이다. 재원은 훨씬 강력하게 지주회사를 지배할 수 있게 된다.

하지만 재원이 이렇게까지 코리아홀딩스㈜의 지분율을 높일 필요는 없다. 다음의 간단한 방법으로도 지분율을 높일 수 있기 때문이다. 코리아홀딩스㈜는 꼭 재원에게서 뉴치킨코리아 주식을 받을 필요가 없다. 다른 주주들에게 뉴치킨코리아 주식을 코리아홀딩스㈜ 주식으로 바꿔 주겠다고 공개 매수하면서 재원의 지분도 사 버리면 된다. 그러면 재원의 지분율은 조금 낮아지겠지만, 코리아홀딩스㈜의 뉴치킨코리아 지분율은 높아진다.

예를 들어 코리아홀딩스㈜가 뉴치킨코리아 주식 20주가 아니라 30주를 공개 매수한다고 생각해 보자. 재원이 아닌 다른 주주에게서 10주를 더 사는 것이다. 그러면 코리아홀딩스㈜가 뉴치킨코리아 주식 40주를 갖게 되고 지분율은 40%가 된다. 하지만 이렇게 하면 재원의 뉴치킨코리아 주식 20주 외에 일반 주주의 뉴치킨코리아 주식 10주를 추가로 코리아홀딩스㈜ 주식 30주로 바꿔 줘야 한다. 모두 90주가 필요하므로 코리아홀딩스㈜는 원래 갖고 있던 자기주식 10주에 더해 주식 80주를 새로 발행해야 한다. 그러면 코리아홀딩스㈜가 발행한 주식은 모두 180주가 되고, 그중 재원의 주식은 80주이므로 재원의 코리아홀딩스㈜ 지분율은 조금 낮아져서 약 44.4%(=80/180)가 된다. 하지만 이 정도 지분율이면 회사를 지배하기에 충분할뿐더러 코리아홀딩스㈜가 뉴치킨코리아 지분 40%를 확보하게 되니 더 탄탄하게 자회사를 지배할 수 있다는 장점이 있다. 이제 정리를 해 보자.

· 원래 지분율 재원(20%) - 치킨코리아 (자기주식 10%)

· 분할 기업 가치 1:1일 때 재원(36.3%) - 코리아홀딩스㈜ (30%) - 뉴치킨코리아

· 분할 주식 가격 1:3일 때 재원(53.3%) - 코리아홀딩스㈜ (30%) - 뉴치킨코리아

또는 재원(44.4%) - 코리아홀딩스㈜ (40%) - 뉴치킨코리아

이렇게 분할된 지주회사와 자회사가 재상장되면, 원래 분할했던 비율보다 더 회장에게 유리해진다. 회장은 당장의 배당보다는 그룹 전체를 강력하게 지배할 수 있도록 지주회사 지분을 높이는 것이 더

중요하다. 일반 주주들은 어차피 회사의 의사 결정에 참여할 수 없고 당장의 배당과 주가가 중요하니 사업을 직접 하는 자회사의 주식을 사고 싶어 한다. 이런 상장회사에 대한 다른 생각과 다른 선호를 이용해서 지주회사 마법의 효과를 극대화시키는 것이다.

지주회사의 마법. 돈 한 푼 들이지 않고 지분율을 높이는 이 마법을 이용한 재벌 대기업은 이미 100개가 넘는다. 정부도 이들을 도와 지주회사로 전환한다고 하면 세금을 감면해 준다.

현재 대기업들 대부분은 지주회사 전환을 끝냈고, 요즘에는 이 방법이 중견기업들에까지 전수되고 있다. 그러다 보니 웃지 못할 해프닝도 있었다. 2016년 정부는 공정거래법을 개정해 지주회사의 기준을 기존 자산 총액 1000억 원 이상에서 5000억 원 이상으로 높이겠다고 발표했다. 지주회사가 지켜야 하는 공정거래법의 적용 범위를 좁힘으로써 규제를 완화하겠다는 의미였다. 그러자 중견기업들이 '역차별'이라며 이를 반대하고 나섰다.[29] 지주회사 전환을 준비하던 중견기업들은 대부분 자산 규모가 5000억 원이 안 되었으므로, 법이 개정되면 세금 혜택을 받을 수 없다는 이유에서였다. 이들은 '우리가 전환할 때까지 규제를 유지해 달라'고 요구했고, 정부는 9개월의 유예 기간을 줌으로써 이들이 지주회사 전환을 마무리할 수 있도록 해 주었다.[30] 이렇게 20여 년 전 '악'이었다가 '선'으로 놀라운 이미지 쇄신을 한 지주회사 구조는 여전히 사람들에게 '선'으로 받아들여지고 있다.

19

고급 3단계: 주가 이용해 상장폐지하기

마지막 비법을 배워 볼 차례다. 고급 편의 세 번째 방법이고, 기초부터 시작해 4949 판결까지 포함하면 열 번째다. 이 비법은 최근 이용되기 시작한 따끈따끈한 것인데, 상장을 하는 것이 아니라 상장폐지를 이용하는 '발상의 전환'이 필요한 방법이다.

주식 투자자들은 '상폐'를 최악의 상황이라고들 한다. 그런데 반대로 상장폐지가 좋다니 이게 무슨 이야기일까? 그 속을 한번 들여다보자.

물론 상장을 계속 유지했을 때 얻는 이익보다 상장을 폐지해서 얻는 이익이 더 많기 때문에 상장을 폐지하는 것이다. 누구에게 이익이 될까? 보통 상장을 하고 폐지하는 것은 회사가 회사를 위해 하는 일이라고 생각하겠지만, 사실 상장은 주주를 위해 하는 일이다. 상장으로 주식 시장에서 거래가 되는 것은 회사가 아니라 회사의 주식이기 때문이다. 주식을 사고팔 수 있게 되면 돈을 버는 것은 회사가 아니라 주주다. 그럼 상장을 폐지할 때는 어떤 이익이 생길까? 그 이익을 누리는 것은 누굴까? 이를 배우는 것이 이번 장의 핵심이다. 16장 '상장회사 주가에 관한 착각'을 잘 이해한 사람이라면 조금 감이 올 것이다.

앞에서 우리는 상장회사의 주가와 그 기업의 가치가 정확히 일치하지 않을 수 있다는 사실을 알아봤다. 그 이유는 첫째, 주식 시장의 주가는 기본적으로 회사가 좋은지 나쁜지에 따라서가 아니라 회사가 배당금을 얼마나 많이 주는지에 따라 결정되고 둘째, 그렇기 때문에 회사가 진짜 돈을 잘 버는지 못 버는지와 관계없이 배당금을 많이 주고 적게 주면서 주가를 얼마든지 조절할 수 있어서다.

1년에 100억 원씩 이익이 나고 10억 원을 배당하는 A사와 20억 원씩 이익이 나고 그중 절반인 10억 원을 배당하는 B사의 경우 이익에서는 5배나 차이가 나지만 주가는 비슷할 수 있다. 여러분이 사장을 임명할 수 있는 30% 지분을 가진 A사의 회장이라고 생각해 보자. 여러분은 사장에게 이렇게 부탁할 수 있다.

"내 지분율이 30%일 때는 회사 이익의 10%인 10억 원만 배당해 줘. 그리고 나머지 지분 70%는 회사가 공개 매수해 주고. 그다음 해에는 이익의 90%를 배당해 줘."

여러분이 얼마나 받게 되는지 계산해 보자. 첫 번째 배당에서 전체 배당금 10억 원(이익 100억 원의 10%) 중 여러분은 지분율 30%에 해당하는 3억 원을 받고, 나머지 7억 원은 다른 주주들에게 배당된다. 그다음 회사는 공개 매수를 하여 지분 70%를 자기주식으로 갖게 된다. 이듬해 배당에서는 전체 배당금이 90억 원이고, 회사는 자기주식에 대해 배당을 하지 않으므로 여러분은 90억 원(이익 100억 원의 90%)을 모두 받아 갈 수 있다. 30% 지분만으로도 자신이 받아 가는 배당금을 총 30억 원(첫해 배당금 10억 원 중 30%인 3억 원+둘째 해 배당금 90억 원 중 30%인 27억 원)에서 93억 원(첫해 배당금 10억 원 중 30%인 3억 원+둘째 해 배당금 90억 원의 100%인 90억 원)으로 손쉽게 늘릴 수 있는 것이다. 지분율이 낮을 때는 배당을 적게, 지분율이 높아질수록 배당을 많이 하는 것. 이것이 여러분 자신의 이익을 위한 기본적인 배당 정책이 된다.

그러면 상장을 폐지해야 좋다는 것과 주가를 이용한다는 것에는 어떤 관계가 있을까? 우선 위와 같이 여러분이 A사에 대한 지분율을 높이면 상장을 유지할 수 없다. 대주주의 지분율이 95%가 넘으면 회사 스스로 상장폐지를 신청할 수 있고 일반 주주의 지분율이 10~20%로 줄어들면, 실제 시장에서 거래되는 주식 수가 너무 적기 때문에 상장폐지의 대상이 된다. 그러니 여러분이 다른 주주들에게 배당금을 나누어 주기 싫다면 상장폐지를 해야 한다. 게다가 상장회사는 보는 눈이 많기 때문에 이런 기괴한 배당을 하기가 어렵다.

주가의 변동을 이용한다는 것은 이렇게 대주주가 지분율을 높이려 하는 경우, 들어가는 돈을 최대한 줄이기 위해서 낮은 주가를 활용한다는 뜻이다. 주식 시장에서 공개 매수를 할 때는 대부분 더 많은 주주를 끌어들이기 위해 시장에서 거래되는 주가보다 10~20% 정도 높은 가격을 제시한다. 비싸게 산다고 해야 중고품을 팔겠다는 판매자가 많아지는 것과 같은 이치다. 이때 최소한의 기준점이 되는 가격이 시장에서의 주가다. 그러니 주가가 낮을수록 더 적은 돈으로 대주주의 지분율을 높일 수 있다. 대주주가 직접 주식을 공개 매수할 때도 그렇고, 회사가 공개 매수를 해서 자기주식으로 취득할 때도 마찬가지다.[31]

공개 매수를 하면 돈이 얼마나 들까? C사의 전체 주식 수가 100만 주라고 가정하고 그중 70만 주를 공개 매수해야 하는 경우를 생각해 보자. 1년에 10억 원을 배당하는 회사의 주가가 1000원이라고 할 때, 20억 원을 배당하는 회사의 주가는 2000원이 될 것이고, 90억 원을 배당하는 회사의 주가는 최소 5000원이 넘을 것이다. 만약 주가가 1000원일 때 1200원으로 70만 주를 공개 매수하면 8억 4000만 원이 든다. 그런데 주가가 5000원일 때 20% 높은 6000원으로 같은 주식 수에 대해 공개 매수를 하면 무려 42억 원이 든다.

대주주가 공개 매수를 할 때 왜 주가가 낮아야 좋은지 금방 알 수 있다. 즉, 공개 매수를 하기 전에 최대한 배당을 적게 해서 주가를 낮게 유지하고 그 주가를 기준으로 공개 매수를 하면 지분율을 높이는 데 드는 돈을 최소화할 수 있다. 이렇게 배당금을 낮추면 다른 주주들에게 나눠 줄 배당금도 줄어들고 공개 매수할 때 돈도 절약할 수 있으니 일거양득이다. 물론 이는 여러분이 나중에 배당금을 많이 받아 갈 수 있다는 보장이 있기에 가능한 전략이다. 회사가 자기주식으로 취득하지 않고 대주주가 자신의 돈으로 공개 매수하더라도 원래는 받지 못했을 수십 억 원의 배당금을 더 받아 갈 수 있으므로 결과적으로 훨씬 더 이익이 크다.

이렇게 돈도 잘 벌고 잉여금도 많이 쌓여 있는 좋은 회사의 100% 지분을 확보해서 상장폐지를 하면, 그다음부터 이 회사는 황금 알을 낳는 거위가 된다. 여러분은 이제 시장에서 산 주식 가격보다 훨씬 비싸게 주식을 팔 수 있다. 100% 지분을 모두 거래할 수 있다는 것은 그 회사의 가치를 모두 누릴 수 있다는 의미다. 앞에서 본 회사 전체의 가치와 주식 1주의 가치 차이를 생각해 보자. 여러분은 회사에 이익이 나는 대로 그해에 전부 배당할 수 있고, 또 그해에 배당하지 않고 다음 해에 배당하면서 세금을 미루는 효과도 거둘 수 있다. 우리나라 법은 배당하지 않은 돈에 대해서는 현재 세금조차 매기지 않고 있다.[32] 그래서 공개 매수를 통한 자진 상장폐지는 회사를 통째로 팔때 자주 쓰이는 방법이다.

- - - -

혹시 '경영권 프리미엄'이라는 말을 들어 본 적 있는가? 상장회사의 주식이 1주씩 팔릴 때와 사장을 임명할 수 있는 정도의 지분이 한꺼번에 팔릴 때 그 가치가 서로 다르게 매겨지는 현상을 가리키는 말이다. 경영권 프리미엄이 붙는 지분은 어느 정도일까? 주주가 수백 수

천 명인 상장회사에서 누군가가 경영권을 확보하려 할 때, 반드시 지분을 50% 이상 가질 필요는 없다. 상장회사의 주주총회에 실제로 출석하는 주주들의 의결권은 많아도 70~80% 정도이고, 나머지 주주들이 모두 대주주가 임명하고 싶어 하는 사장을 반대하지는 않을 테니까 말이다. 현실적으로는 최대주주로서 30% 정도의 지분을 확보해도 상장회사의 경영권을 가졌다고 본다. 주주총회에 70%가 출석한다면 대주주의 지분을 뺀 나머지 40% 중 5%만 대주주의 의견에 찬성하면 되기 때문이다. 대주주가 지분을 20% 확보했다면, 나머지 50% 중 15%만 지지해 주면 되니 큰 문제는 아니다. 극단적으로는 최대주주가 지분을 10%만 가졌더라도 수완을 발휘하면 자신이 원하는 사장을 임명할 수 있다. 나머지 60% 중 25%의 지지만 얻으면 되니 말이다.

그래서 상장회사의 상당한 지분을 한꺼번에 다른 사람에게 팔 때는 주식 시장의 주가보다 높은 단가가 매겨진다. 주가가 1주에 1만 원인 회사의 경우, 10% 이상 지분이 거래될 때 평균 1만 4600원 이상 최대 1만 6800원까지 받았다는 우리나라의 조사 결과가 있다.[33] 이렇게 경영권을 행사할 수 있는 지분을 거래할 때 시장보다 50% 이상 높은 가격에 합의하는 이유는 뭘까? 경영권 프리미엄이라는 것은 정말 존재하는 걸까?

하지만 정확히는 경영권 프리미엄이 아니라 '비경영권 디스카운트'라고 부르는 것이 맞다. 사실은 경영권 프리미엄이 붙은 주식의

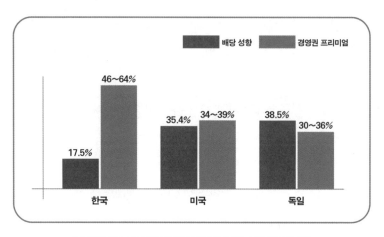

[그림 37] 한국, 미국, 독일 상장회사들의 배당 성향과 경영권 프리미엄.

가격이 회사의 진짜 가치고, 시장에서 1주씩 거래되는 주식의 가격은
회사가 배당을 충분히 하지 않는 등 다른 이유로 할인이 된 것이라고
봐야 한다. 실제로 미국, 독일과 같은 나라에도 경영권 프리미엄 현상
이 있지만, 약 30% 정도로 우리나라보다 현저히 낮다.[34] 왜 그럴까?
미국이나 독일 기업인들은 경영권을 싫어하고 우리나라 기업인들만
경영권을 너무 좋아해서 프리미엄을 더 매기는 것일까? 전혀 그런 이
유 때문은 아니다. 잘 살펴보면 경영권 프리미엄은 배당 성향, 즉 회
사가 이익 중 주주들에게 배당하는 비율과 대체로 반비례한다.

　미국이나 독일의 상장회사들은 매년 이익 중 30~40%를 꾸준히
배당하니 시장에서의 주가와 실제 기업 가치 사이에 큰 차이가 없다.
그래서 경영권을 쥘 수 있는 많은 지분을 거래할 때도 가격이 조금만
올라간다. 반면 우리나라 회사들의 경우 이익을 냈을 때 배당률이 평

균 20% 미만이라는 사실을 떠올려 보자. 그러니 평소에는 주가가 그 만큼 할인되어서 거래될 수밖에 없고, 경영권을 확보하고 배당을 마음대로 높일 수 있을 정도의 지분을 얻고 나면 다시 원래의 가치로 돌아간다. 그리하여 무려 50%가 넘는 할증 비율, 경영권 프리미엄이 나타나는 것이다. 그저 더하기 빼기의 문제다.

- - - -

현실에서 이런 상장폐지를 이용한 새로운 마법이 등장한 것은 2015년의 일이다. 돈을 잘 버는 상장회사에 사장을 임명할 수 있는 지분율, 약 30% 정도의 지분을 확보하고, 배당을 적게 해서 주가도 낮추고 회사에 잉여금도 많이 쌓은 후, 그 돈으로 자기주식을 왕창 사서 스스로의 지분율을 높인 뒤, 지분율 100%를 만들어 상장을 폐지하면, 이 회사의 가치는 자연스럽게 다시 올라간다. 그리고 이 회사를 통째로 팔면 처음 들인 돈의 몇 배를 벌 수 있다.

조금 어렵다고 생각되면 치킨코리아에 숫자를 적용해 보자. 치킨코리아 주식 전체가 100만 주이고 주식 시장에서 1주에 1만 원으로 거래되고 있다고 가정할 경우, 여러분이 이 회사 주식 전체를 다 사려면 최소 100억 원이 들 것이다. 하지만 30%를 살 때는 30억 원만 쓰면된다. 이렇게 30%를 30억 원에 사고 나서 앞에서 본 대로 사장에게 배당을 낮춰 달라고 부탁을 한다. 한 해에 10억 원씩 이익이 나지만 1억원만 배당해 달라고 하는 것이다. 이렇게 배당을 꾸준히 낮추면 몇 주씩 갖고 있던 일반 주주들은 치킨코리아 주식을 팔고 점차 떠나간다. 주가는 계속 하락하고 배당을 하지 않으니 그만큼 회사에는 돈이 쌓인다. 3년 후 주가가 3000원까지 내려가고 회사에는 잉여금 27억 원이 쌓여 있다. 이제 회삿돈으로 공개 매수를 실시한다.[35] 가격을 4000원으로 후하게 쳐주고 앞으로 상장을 폐지한다고 하니 너도나도 주식을 팔겠다고 해서 회사에 쌓인 27억 원을 전부 쓸 수 있었다. 이렇게 치킨코리아가 자기주식 67만 5000주를 사들이자 이제 시장에는 주식이 2만 5000주만 남았다. 2.5%밖에 남지 않은 이 주주들의 주식은 강제 매수가 가능하다. 우리 법이 그렇게 되어 있기 때문이다. 정식 용어는 아니지만, 표현도 무서운 '소수 주주 축출 제도'가 있다.[36] 이 제도를 이용한다면, 여러분은 1억 원만(25000×4000) 더 지출해서 나머지 주식을 모조리 살 수 있다.

이렇게 치킨코리아를 100% 여러분의 회사로 만든 후 상장폐지를 한다. 지금까지 들어간 돈은 31억 원뿐이다. 엄밀히 따지면 3년 동안 30% 지분에 대해 3000만 원씩 9000만 원을 배당받았기 때문에 순수하게 지출한 돈은 처음 30% 지분을 살 때 냈던 30억 원 정도다. 거의 본전이 아닌가. 30억 원 남짓으로 100억 원짜리 회사를 샀구나 했겠지만, 그게 아니다. 더 좋은 상황이다. 원래 이 회사는 여전히 10억 원 넘는 이익을 내고 계속 성장하는 200억 원짜리 회사였던 것이다.

우선 매년 나는 이익에서 10억 원씩 배당받아서 3년 동안 초기 투자금 30억 원을 모두 회수한다. 그래도 회사는 매년 10억 원 이상을 버는 여전히 좋은 매물이다. 이제 회사 전체를 M&A 시장에 내놓자. 협상하기에 따라 또 시기에 따라 여러분은 200억 원을 받을 수도, 300억 원을 받을 수도 있다. 이건 모두 여러분의 이익이고, 여러분이 가진 인내심의 대가다. 3년 동안 배당을 받지 않으면서 기다렸고 또 3년 동안 본전을 회수하느라 수고했다. 300억 원에 회사를 팔고 무려 10배의 수익률을 올린 여러분에게 '투자의 귀재'라는 멋진 별명이 붙을 것이다.

정리:
불편과 불법 사이

20

여기까지 오느라 수고가 많았다. 지금까지 여러분은 그들만이 알고 있던 부의 증식 비법 열 가지를 마스터했다. 밀어주기, 몰아주기, 통행세와 같은 기초로 시작해서 중급 과정으로 합병, 자기주식, 지주회사를 배웠고 4949 판결도 살펴보았다. 고급 비법으로 상장 주식을 이용해 합병하고 지주회사를 만들어 지분율을 높이는 마법을 마스터하고, 마지막으로 상장폐지를 이용하는 최신 트렌드 비법까지 알게 되었다. 놀라움의 연속이었을 수도 있고, 한편으로는 마음 한구석이 불편했을 수도 있다. 이래도 되는 건가? 뭔가 이상한 것 같긴 한데, 그게 뭘까? 여러분의 마음속에 자리 잡은 그 불편함의 실체는 뭘까? 이 모든 게 정말 합법인 걸까? 이제 결론을 낼 차례다.

우선 회장, 사장과 일반 주주들의 관계에서 있을 수 있는 사례를 다섯 가지로 정리해 불법의 유무를 살펴보자.

첫째, 일반 주주 그리고 회장과 사장의 관계다. 주주의 형태는 다양하다. 10년을 보고 장기 투자를 하는 주주도 있고, 당장 1년 만에 높은 경영 성과를 얻어서 배당과 주가 상승을 요구하는 주주도 있다. 어떤 성향의 주주가 다수가 되느냐에 따라 그에 맞는 사장이 선출되고 회사의 경영 정책이 결정된다. 하지만 사장이 자신을 뽑아 준 주주들의 의도와 다르게 특정 주주 한 명, 예를 들어 회장의 말만 따라서 경영하는 경우가 있다. 이것은 원칙적으로 불법이 아니다.

둘째, 만약 사장이 회장에게만 배당을 더 많이 챙겨 준다면 어떨까? 우리나라 법에는 없지만, 외국에서는 1주에 의결권 10개를 주는 황금주 같은 것이 있다. 물론 우리 법에도 배당을 더 많이 주는 우선주도 있고 의결권이 없는 주식도 있지만, 적어도 1주 1표에 어긋나거나 같은 종류인데 다르게 배당하는 주식은 없다. 이것을 '주주 평등의 원칙'이라고 하는데, 만약 사장이 회장에게만 더 많이 배당한다면 이 법을 어기는 게 된다. 사장의 법적 의무를 위반한 것이다.

셋째, 회사가 배당 같은 방법으로 더 많은 이익을 직접 챙겨 주는 것이 아니라 회장이나 친척과의 거래를 통해 간접적으로 많은 이익을 주는 경우를 살펴보자. 앞에서 본 밀어주기, 몰아주기, 통행세가 이에 해당한다. 현재 우리나라의 법은 사장이 이런 거래를 하는 것에 대해 '주주 평등의 원칙'을 위반했다고 보지 않는다. 사장으로서의 의무 위반이라고도 하지 않는다. 이를 '자기거래'라고 하는데 이사회에서 해도 된다고 결정했다면 이는 위법이 아니다.

넷째, 회장 회사와 사장 회사가 합병하는 경우를 생각해 보자. 합병은 두 회사 사이의 일처럼 보이지만 사실 주주들 사이의 돈 문제다. 합병으로 없어지는 회사의 주주들이 새로 받는 주식의 수가 실제 회사의 가치보다 적다면 주주들은 손해를 본다. 하지만 회사로서는 이익도 아니고 손해도 아니다. 그래서 사장이 회장 회사에는 유리하게, 자기 회사 주주들에게는 불리하게 합병 비율을 결정해도 사장으로서의 의무 위반이라고 보지 않는다. '주주 평등의 원칙'도 문제 되지 않는다. 모든 주주가 똑같이 손해를 보기 때문이다.

마지막으로 다섯째, 두 회사가 합병이나 주식 교환을 하는데 회장이 두 회사의 주식을 모두 가진 경우를 생각해 보자. 일종의 '양다리 주주'다. 이때도 회장에게만 특별히 이익이 더 돌아가게 할 수 있다. 두 회사 중 회장이 더 많은 주식을 가진 회사의 가치를 높게 쳐줄수록 회장에게 이익이 된다. 우리나라 대법원 판례는 이것 역시 '주주 평등의 원칙'을 위반했다고 보지 않고, 사장으로서의 의무를 위반했다고도 보지 않는다.

공부는 요약이고 반복이다. 요점만 표로 다시 정리해서 복습해 보자.

사례 1과 사례 2는 쉽다. 사례 1은 주주 몇 명의 문제도 아니고 '경영 판단의 원칙'이 있기 때문에 대부분의 경우 사장이 불법 행위를 했다고 보지 않는다. 사례 2는 주주 중에 회장에게만 이익을 준 것이므로 '주주 평등의 원칙'을 정면으로 위반한 것이고 사장은 불법 행

	유형	회장이익?	다른 주주 손해?	사장 불법?
사례 1	회장 지시대로 경영	×	×	×
사례 2	회장에게 많이 배당	○	○	○
사례 3	회장 밀어주기, 몰아주기 등			△
사례 4	회장 회사에 유리한 합병	○	○	×
사례 5	회장이 주식을 많이 소유한 회사에 유리하게 합병	○	○	×

위를 한 것이 된다.

사례 3부터 5는 좀 어렵다. 사례 3은 분명히 회삿돈으로 회장을 밀어주고 몰아줌으로써 다른 주주에게 배당됐어야 하는 돈이 줄어들었고 손해를 입혔다. 그러나 우리 법에 의하면 사장은 불법 행위를 한 것이 아니다. 부당거래법으로 회사가 과징금이나 추징금을 맞는 경우도 있지만, 대부분의 경우 사장이라는 개인에게 불법 행위에 대한 책임을 묻지 않는다.

사례 4는 회장이 이익을 보는 만큼 몇몇 주주가 아니라 회사 전체 주주가 손해를 보았다 해도 사장은 불법 행위를 한 것이 아니다. 물론 합병을 하려면 주주의 2/3 이상이 찬성해야 하니 주주총회에서 합병이 통과됐다면, 이에 찬성한 주주들은 개인적인 손해를 감수하겠다는 것에 동의했다고 볼 수 있다. 그러므로 주주 전체 중 1/3만 손해를 본 것이다.

사례 5에서는 합병에 찬성하는 주주 중 합병 대상인 회사의 주식을 이미 가진 사람이 있는데 합병이 성사된다면, 그래서 개인적으로 이익을 얻는 사람이 있다면, 심지어 그 사람이 회장이라 해도 위법이 아니다. 우리나라에는 '양다리 주주'의 표는 빼야 한다는 법이 없으므로 2/3 안에 포함해 계산하기 때문이다. 이런 경우 합병이 주주총회를 통과하기가 훨씬 쉬워진다. 그리고 반대했는데도 합병이 이루어지는 경우, 손해를 보는 주주는 많아진다. 이렇게 합병을 해도 우리 법에서는 사장이 불법 행위를 했다고 보지 않는다.

도대체 사장이란 무엇일까? 불사조일까? 조금 황당하게 들리겠지만, 확실하게 말할 수 있는 것은 사례 2만 제외하고 모든 것이 원칙적으로 '합법'이라는 사실이다. 상법, 공정거래법, 세법과 같이 여러 가지 어려운 재벌(을 규제하는) 법의 그물을 헤쳐 가야 하는 어려움이 있고, '꼼수' '편법'이라며 사회적으로 비판을 받지만, 불법은 아니다. 그러니 지금 이 시간에도 수많은 재벌, 그리고 중견기업들까지도 돈을 벌기 위해 너도나도 이 놀라운 비법들을 열심히 배워서 활용하고 있는 것이다. 'No pain, no gain'이라고 하지 않던가!

재벌법은 앞으로도 계속 진화할 것이다. 재벌(이 돈 버는 방)법과 재벌(을 규제하는)법 모두 그렇다. 전자가 잡히지 않기 위해 새로운 길을 뚫으면 후자가 길을 막기 위해 새로 장애물을 만드는 주고받기가 계속될 것이다. 지금 이 순간에도 재벌(이 돈 버는 방)법은 새로 생겨나고 있고, 그것을 막기 위한 법은 그것보다 느리게 그리고 원래 있던 법에 덧붙여지다 보니 더욱 복잡해지고 있다. 이렇게 사람들이 이해하기 어려워지면 관심에서도 멀어지게 된다.

　이런 술래잡기는 너무 소모적이어서 사람들을 지치게 한다. 쫓는 사람이나 쫓기는 사람 모두 그렇고, 우리가 살고 있는 대한민국이라는 공동체에도 해롭다. 밀어주기를 하지 못하게 하려고 부당거래법을 만들었더니 몰아주기를 생각해 내고, 한 달 전부터 잰 체중으로 합병한다고 하니 한 달 동안 금식을 해 버리는 이런 현상은 결코 건강하지 않다. 분명 요요 현상이 올 것이고 건강한 몸은 요원한 일이 된다. 그러면 식이요법을 하고 운동을 해서 건강한 몸을 만드는 것처럼 제대로 된 재벌법은 없는 걸까?

- 상장과 상장폐지 | 어떤 주식을 자유롭게 사고팔 수 있는 공개 시장에 올리는 것을 상장, 반대로 그러한 시장에서 이름을 내리는 것을 상장폐지라고 한다. 상장되지 않아도 주식은 자유롭게 거래할 수 있지만, 상장된 주식은 매수자와 매도자를 따로 찾지 않아도 빠르게 사고팔 수 있다.

- 시가 총액 | 주식 시장에서 거래되는 어떤 회사의 주식 1주의 가격에 그 회사의 발행 주식 전체의 수를 곱한 수치. 주식이 상장되어 있는 회사의 규모를 비교할 때 종종 이용되며 회사의 가치와 같다고 여겨질 때도 있지만, 실제로는 그렇지 않다.

- 공개 매수 | 상장 주식에 대해서 불특정 다수의 주주에게 일정 가격을 제시한 후 일정 기간 청약을 받아 주식을 매수하는 방법. 주로 대주주가 회사의 지분율을 높이기 위한 방법으로 이용하고, 회사가 자기주식을 취득할 때도 이용된다.

- 한 달 평균법 | 상장회사가 합병 비율을 정할 때 지켜야 하는 가격 산정법인 자본시장법 제165조의4에 대한 별칭으로 이 책에서 부르는 이름. 기본적으로 합병을 결정한 날로부터 직전 한 달 주가의 가중 평균을 이용한다.

- 경영권 프리미엄 | 주식 시장에서 거래되는 상장 주식 1주의 가격보다 같은 주식이 10~30% 이상 한꺼번에 거래될 때 1주당 단가가 훨씬 높은 현상을 가리키는 말. 하지만 경영권 프리미엄이 적용된 1주당 단가가 원래 회사 전체의 가치라고 보아야 하기 때문에, 거꾸로 상장 주식 1주의 가격이 낮은 현상을 '비경영권 디스카운트'라고 불러야 마땅하다.

Level 5.

열쇠를 찾으면
세상이 바뀔 수 있을까

재벌법의 현실은 무죄

21

이제 현실로 돌아와 조금 진지한 이야기를 해 보려고 한다. 기본 개념을 정확히 알아야만 이 논의를 할 수 있기에 열 가지 재벌법에 대해서 오래 설명했다. 이 문제는 더 이상 우리와 동떨어진 세상 속에서 재벌이 돈 버는 방법과 그것을 규제하기 위한 법에 국한된 이야기가 아니다. 코리아 디스카운트 때문에 오르지 않는 주가, 그럼에도 불구하고 거기에 무려 132조 원 이상 투자하고 있는 국민연금의 수익률과 관련이 있기에 국민 모두의 돈, 안전, 미래가 걸린 문제다.

재벌법이 진화를 거듭해 온 지난 25년 동안, 회장들의 경제적인 시도는 법적인 문제가 되었고 법적인 논쟁은 정치적 쟁점으로 변질되었다. 재벌법이 정치적인 이야깃거리가 되면서 수많은 가치관이 등장했고 격렬하게 대립했다. 거수기로 전락한 이사회를 문제 삼거나

오너 경영이 나은지, 전문 경영인이 나은지를 따지는 고전적인 문제부터 과도한 상속세가 가업 승계를 가로막고 편법 승계를 촉발시킨다는 논란, 기업 사냥꾼으로 묘사되는 외국계 '투기' 자본이나 사모펀드와 경영권 보호 얘기, 주주 행동주의shareholder activism에 대한 다양한 시각에 이어 주주 자본주의shareholder capitalism를 극복하기 위한 이해관계자 자본주의stakeholder capitalism의 등장까지 가면 재벌법은 회사 안에서는 해결이 불가능하고, 사회적 대타협이 필요한 거대한 주제인 것처럼 보인다.

하지만 법의 관점에서 보면 이는 비교적 단순한 문제다. 법은 이렇게 묻기만 하면 된다. 사장은 '누구'를 대표하는가? 자신을 대표로 임명한 사람들을 위해 일했는가? 그렇지 않다면 어떻게 책임질 것인가?

이념을 떠나 자신에게 이익이 되는 결정을 하는 것은 모든 생물의 본능이다. 회사라는 단체에서 가장 중요한 의사 결정을 하는 사장은 매 순간 자신의 이익이 아닌 회사의 이익을 위해 결정해야 한다는 양심의 갈등 속에 놓인다. 회장의 이익을 위해 일한다면 자신의 안위가 보장될 수 있지만 그것이 회사에 손해를 입히는 것일 때, 오히려 이런 갈등은 결정하기가 쉽다. 불법을 감수하더라도 개인의 이익을 추구하는 것은 영화나 드라마의 단골 소재가 아니던가. 하지만 회장의 이익을 위한 것인데 회사에 손해를 입히는 것은 아닌 애매한 일을 결정할 때, 사장은 궁금해진다. 이것도 법을 위반하는 것일까?

현재 재벌법에서 사장이 회사가 아니라 회장을 위해 일했을 때 범죄자가 되는 경로는 크게 두 가지다. 첫째는 회장을 밀어주고 몰아주는 거래를 하다가 부당거래법을 위반했을 때, 공정거래위원회가 회사에 과징금을 부과하면서 사장을 고발하는 것이다. 그런데 이때 회장이나 사장이 개인적으로 책임을 지고 감옥에 가는 경우는 흔치 않다. 개인이 재판까지 가도 대부분 벌금으로 끝난다. 부당거래법 자체가 '거래'에 관한 법(공정거래법)에서 출발했고 법원도 '회사가 거래를 하는 과정에서 생긴 문제'라는 인식이 있어 감옥까지 보내는 경우는 드물다. 재판 기간도 오래 걸린다. 이 문제를 해결하기 위해 부당거래법도 조금씩 바뀌고 있지만 현실은 여전히 그렇다.

둘째는 사장이 회장을 위해 일하다가 '사장으로서의 의무'를 위반했을 때다. 사장으로서의 의무는 뭘까? 법에서는 '선관주의 의무'나 '충실 의무'라고 하는데, 그 내용이 꽤 재미있다.

사람들은 자신의 방을 청소할 때 더 깨끗이 할까? 아니면 친구의 부탁으로 돈을 받고 친구의 방을 청소할 때 더 깨끗이 할까? 법은 부탁을 받았을 때 더 잘한다고 생각하는 듯하다. '선관주의 의무'란 선량한 관리자로서 주의를 기울여야 하는 의무, 풀어 쓰면 '농땡이를 피우지 않는 성실하고 착한 사람이 다른 사람에게 부탁받고 일할 때처럼 신경 써서 일해야 하는 의무'라고 할 수 있는데, 이 수준이라는 것이 상당히 높다. 자기 물건을 관리하거나 자기 일을 할 때보다 돈을 받고 남의 일을 해 줄 때 훨씬 더 신경을 써야 한다는 뜻이다. 사장이 이런 의무를 위반하면 범죄자가 될 수 있다. 종종 감옥에도 간다.

정리하면 고의로 사장의 의무를 위반해서 회사에 손해를 입힐 경우, 죄가 된다. 그때는 회장도 같이 범죄자가 될 수 있다.

사장은 어떤 것을 더 무서워할까? 당연히 두 번째다. 회사가 법을 어기는 바람에 자신이 회사 대표로서 책임을 지는 것이 아니라 사장 개인이 법을 위반한 것에 대해 책임을 지는 것이기 때문이다. 감옥에 갈 가능성도 높을뿐더러 회장까지 공범으로 함께 처벌된다면 위험을 무릅쓰고 회장을 위해 일한 보람이 없다. 그렇다면 사장이 이 '사장으로서의 의무'를 위반해서 처벌된 사례는 얼마나 있을까?

- - - -

무죄, 무죄 그리고 또 무죄. 만약 그런 사례가 있었느냐고 묻는다면, 이렇게 대답할 수밖에 없다. 지금까지의 재벌법은 무죄의 역사였다고. 부당거래법으로도, 사장 의무법으로도, 또 4949 판결에서도, 치즈 통행세 판결에서도, 보통 사람으로서는 이해할 수 없는 '무죄'라는 결론이 나왔다. 이 두 판결이 왜 무죄로 결론 났는지, 혹은 무죄로 진행되고 있는지에 대해서는 말미의 부록에 조금 더 자세히 정리해 놓았다.

그런데 논란이 되는 수많은 재벌법 관련 판결에서 무죄가 나오는 이유를 따져 볼 때 정경유착이나 전관예우와 같은 복잡한 사회 문제의 관점에서 바라볼 필요는 없다. 이는 매우 단순한 '법'의 문제이기 때문이다.

일단 우리나라에는 '사장이 회사가 아닌 회장을 위해 일하면 안 된다'는 법이 없다. 충격적이지 않은가? 현재 우리 법에서는 회사의 대표이사가 해당 회사의 대주주 또는 모회사의 대주주와 같은 특정 주주의 이익을 위해 일해도 위법이 아니라고 본다. 그러다 회장님 회사에 가격을 너무 후하게 쳐주면 부당거래법에 걸리고, 회사에 빼도 박도 못하는 명백한 손해를 입히면 아주 가끔 회장이나 사장이 개인적으로 책임을 지는 경우가 있긴 하다. 그마저도 케바케의 복잡한 그물 속을 헤쳐 나가서 면죄부를 받는 경우가 허다하다. 조금 심하게 말하면 우리 법은 이렇게 말하고 있는 것 같다.

'사장이 회사가 아닌 회장을 위해 일해도 된다. 하지만 너무 티 나게 밀어주면 안 된다.'

지금까지 배운 모든 재벌(이 돈 버는 방)법이 바로 이런 법에 기초하고 있다. 우리나라의 재벌법들이 재벌(이 돈 버는 방)법을 막는다고는 하지만, 빠져나갈 수 있을 만큼 문이 꽤 열려 있다. 물길을 댐으로 막는다고 하면서 수문 몇 개를 열어 둔 것처럼 말이다. 만약 치즈 통행세 판결에서 회장이 A를 끼워 넣은 것에 유죄 판결을 받는다고 해도 이것을 본 다른 회장이 친척 B를 중간에 끼워 넣으면서 번듯한 사무실도 주고 일을 좀 하라고 한다면 어떨까? 그러면 부당거래법에도, 사장 의무법에도 어긋나지 않는다. 그런데 법이 이래도 되는 것일까?

생각해 보자. 그렇게 거래의 중간에 끼어든 A나 B에게 흘러 들어간 회삿돈은 원래 누구에게 갔어야 하는 돈일까? 그것이 부당거래법이나 사장 의무법을 위반한 것이 아닐지라도 그 돈은 회사의 이익이 되어 회사의 다른 주주들에게 배당됐어야 하는 돈이다. 다른 주주들에게 갔어야 하는 돈이 회장의 지시에 의해 중간에 끼어들어 간 A나 B에게 들어간 것이고, A나 B가 회장의 혈족이었기 때문에 그렇게 된 것이다. 앞서 배운 용어를 쓰면 다른 주주들과 회장 사이에 이해상충이 생긴 것이고, 회장이 다른 주주를 포함한 회사를 위해서가 아니라 자신을 위해 결정함으로써 이들을 배신한 것이다.

더 쉽게 말하면, 회장이 공과 사를 구별하지 않은 것이다.

마스터키는 '공과 사'의 구별

22

조금 거창하게 말하면 '공과 사를 구별하지 못하는 문제'는 역사적인 과제였다. 경제학에서는 대리인 문제agency problem, 법학에서는 이해상충의 문제 등 오랫동안 여러 이름으로 불려 왔다. 그러나 말이 어렵다 뿐이지 이것의 본질은 초등학교 때부터 배우는 '공익'과 '사익'의 문제다. 옛말에도 있다. 빙공영사憑公營私, 공적인 일을 핑계 삼아 사적인 일을 추구하는 행동을 말한다. 이런 행동을 하면 조선 시대 법전인《경국대전》과 지역의 자치 법규인《향약》에서도 형벌을 내리고 직무에서 해고해야 한다고 규정되어 있다. 여러 사람의 문제를 결정하는 자리에 있는 사람이 자신만을 위해 결정할 때 그 조직은 지속될 수 없다. 이는 상식 중의 상식일 것이다.

그럼에도 불구하고 자본주의 시장경제에서 가장 기초적인 조직 세

포인 회사 관련 법에 이런 '공사 구별법'이 없다는 것은 놀라운 일이다. 물론 비슷한 것이 있긴 하다. 앞에서 잠깐 다룬 '자기거래법'[37]이다. 회사에서 공과 사가 헷갈릴 수 있는 거래에 대해서는 사장이 아닌 다른 이사들의 승인을 받으라는 법이다. 이 법에는 혹시 그렇게 승인한 거래 때문에 회사에 손해가 생기면 승인한 이사들도 같이 책임을 져야 한다고 명시되어 있어 이사들이 함부로 승인할 수 없도록 막는다.[38]

하지만 현실과는 꽤 괴리가 있는 법이다. 만약 회장이 자신에게 이익이 되는 거래를 하기 위해서 "회사에 손해가 생기면 내가 다 책임질 테니 걱정 말고 승인해 달라"고 임원들을 설득한다면 어떨까? 게다가 그 거래가 '회사'에 손해를 전혀 끼치지 않는다면? 다른 주주들에게 돌아갈 몫을 회장에게 주는 것이기 때문에 주주의 손해일 뿐 회사에는 영향이 없다. 회장이든 사장이든 승인을 고민해야 하는 이사든 이 사실을 모두 알고 있으므로 별걱정 없이 승인해 줄 것이다.

쉽게 말해 회장을 포함해서 10명의 주주가 있는데, 그중 9명에게 줄 몫을 1개씩 빼서 회장에게 9개를 준다 해도 우리 법에서는 이를 불법이 아니라고 본다. 회사 입장에서는 손해를 입은 게 없기 때문이다.

재벌법 초기에는 9명에게 줄 몫을 1개씩 빼서 회사에 쌓아 두었다가 거기에 회사 것 1개를 더해서 회장에게 10개를 주는 방식이 부당거래법이나 사장 의무법에 가로막힌 적이 있었다. 회사 것을 1개 빼서 주었으므로 회사가 그만큼 손해를 입었다고 판단한 것이다. 하지만 지금은 아무도 그렇게 하지 않는다. 회장에게 이익을 챙겨 주면서도 회사 계좌에는 마이너스가 생기지 않게 맞춰 주는 전문가들도 등장했다. 현재 우리 법은 제대로 된 '공사 구별법'이 없기에 회장이 회사가 아니라 다른 주주들의 몫으로 이익을 얻는다 해도 위법이 아니다. 이 점을 잘 알고 활용하는 것이다.

- - - -

치킨코리아 이야기로 돌아가 보자. 처음에 재원은 자기 돈 7000만 원과 영미에게 받은 3000만 원을 합쳐서 사업을 시작했다. 그러니 치킨코리아는 재원이 혼자만의 회사가 아니고 회사에서 '공익'은 재원과 영미의 공동 이익이다. 그런데 재원이 치킨코리아의 식용유를 아내의 회사인 좋은기름㈜에서 받겠다고 결정한다면 그것은 '사익'의 문제다. 영미의 이익과는 관계없고 치킨코리아 회사와도 상관없으며, 그저 재원의 가족이 돈을 버는 일이기 때문이다. 재원이 영미에게 좋은기름㈜로부터 식용유를 공급받는 사실을 알린다고 해서 이런 공사 구별의 문제가 없어지지는 않는다.

　여러분이 영미라면 다른 회사에서 식용유를 공급받는 것이 원칙이라고 생각할 것이다. 굳이 지혜가 100% 주주인 회사와 거래해야 하는 특별한 이유가 있는지, 이 회사가 치킨코리아에 얼마나 이익이 되는지, 이 거래를 통해 지혜가(즉, 재원이) 버는 돈은 얼마인지 물어보고 싶을 것이다. 재원은 이 모든 것을 영미에게 솔직하게 설명하고 동의를 받은 후에 실행했어야 한다. 이에 더해 재원과 지혜는 식용유 거래에서 가능한 한 이익을 남겨서는 안 된다. 다른 회사로부터 사 오지 못하는 상황에서 이런 제한을 두지 않는다면 재원은 치킨코리아의 주주임에도 불구하고 끊임없이 식용유 가격을 더 높이고 싶다는 유혹에 시달릴 수밖에 없다. 지혜가 버는 돈이 곧 자신이 버는 돈이기 때문이다. 재원의 이런 사익 추구에 대해서는 동업자인 영미가 가장 큰 이해관계자가 된다.

하지만 현실에서 우리 법은 식용유 가격이 시가보다 과도하게 비싸지만 않다면 재원이 지혜의 회사에서 식용유를 공급받는 것은 불법이 아니다. 그 때문에 영미는 반대 의사를 밝히기가 사실상 어렵다. 지혜가 식용유 유통에 대해 얼마나 잘 아는지, 치킨코리아에 식용유를 공급하기 위해 실제로 좋은기름㈜에서 일하고 있는지, 그 가격이 시중에 유통되는 같은 용량의 식용유와 비교해서 얼마나 더 비싸거나 싼지, 가격이 더 비싼 경우 지혜의 회사에서 공급받았을 때 얻는 무형의 이익을 고려해도 회사에 손해인 것인지, 만약 손해라면 그 액수가 얼마나 되는지와 같은 복잡한 문제들을 모조리 영미가 증명해야 하기 때문이다.

이 어려운 문제들 가운데서 영미가 확신할 수 있는 한 가지 사실은 그 거래를 통해 지분율에 비해서 재원이 훨씬 더 많은 회사의 이익을 가져간다는 것이지만, 우리나라의 어떤 법에서도 그것을 불법이라 보지 않는다. 대체 어떻게 생긴 법이기에 이런 결과를 낳은 걸까? 우리나라 회사법의 사장 의무 조항을 한번 들여다보자.

- 사장(또는 이사)은 회사가 일을 맡긴 원래의 뜻("위임의 본지"라는 일본식 표현으로 되어 있음)에 따라 성실하고 착한 관리자로서 주의해서 맡은 일을 처리하여야 한다.[39]

- 사장(또는 이사)은 법령과 정관에 따라 회사를 위하여 충실하게 일을 해야 한다.[40]

위의 조문을 글자 그대로 읽어서 사장이나 임원에게 일을 맡긴 곳은 '회사'이기 때문에 사장이나 임원은 '회사를 위해' 일하면 될 뿐, 모든 주주에게 공평한 이익이 돌아가도록 일할 필요는 없다고 결론 내린 것이 우리 법과 판결의 현주소다. 과장을 조금 보태면, 회장이나 사장은 회사 관련 일을 할 때 회사에 손해를 끼치지 않는 한 혹은 뇌물을 받지 않는 한 개인적인 떡고물을 챙겨도 상관없다는 뜻이다. 물론 이런 문제를 막는다는 명목으로 2011년에 아래와 같은 법이 생기긴 했다. 이것도 한번 읽어 보자.

- 사장(이나 이사)이 회사 일과 관련해서 돈 벌 기회를 잡아서 개인 사업을 하려면 다른 이사 2/3 이상의 동의를 받아야 한다.[41] 이를 위반하면 (동의 없이 회사 일 관련해서 개인 사업 하면) 개인 사업을 통해서 얻은 이익은 회사의 손해로 추정하고, 사장이나 임원뿐 아니라 동의한 이사도 회사에게 이 손해를 같이 배상해야 한다.

무슨 의도인지는 알겠지만, 회장이나 사장이 보기에는 하나도 무섭지 않은 문구다. 왜일까? 일단 개인 사업을 '전면 금지'한 것이 아니라 사장이나 임원이 이사회 2/3 이상의 승인만 받으면 개인 사업을 '할 수 있다'고 규정해 놨기 때문이다. 이사회에서 2/3 이상 승인을 받는다는 건 어려운 일이 아닐까? 현실을 보자. 우리나라 재벌 대기업 그룹의 이사회에서 안건에 대한 반대로 부결되는 비율이 얼마나 되는지를 보면, 이 법이 얼마나 구름 위에 떠 있는지 알 수 있다. 2019년 기준으로 상장회사의 전체 이사회 안건 중 부결된 것은 0.35%뿐이고, 그나마 이런 공사 구별에 관한 안건이 이사들의 반대로 부결된 것은 0%다. 무려 755건 중 단 1건도 부결되지 않았다.[42]

이 법이 만들어진 2011년에도 현실은 별반 다르지 않았다. 제대로 돌아가지 않으리라는 것을 잘 알면서 무엇을 막는 규칙을 만들었다면, 그 규칙은 사실 그 현실을 허용해 주기 위해 만들었다고밖에 볼 수 없다.

조항을 뜯어보면, 손해배상 책임이 생기는 것도 이사회의 승인을 받지 않고 개인 사업을 했을 때뿐이다. 원래 사장 의무법이나 자기거래법에서는 이사회에서 승인을 했더라도 회사에 손해를 입히면 불법이라 보는데, 무슨 이유에서인지 사장이 회사 일과 관련된 개인 사업에서 아무리 돈을 많이 벌어도 이사회의 2/3 이상 찬성을 받으면 마음껏 사업을 할 수 있도록 되어 있다. 게다가 이 법에는 회장이 쏙 빠져 있다. 이 법을 그대로 따르면, 회장은 등기 이사가 아니라면 이사회의 동의 없이도 회사 일과 관련해서 개인 사업을 얼마든지 할 수 있다. 회사가 몰아주고 밀어주는 회장님 회사를 얼마든지 만들 수 있게 열려 있는 것이다. 그 때문에 이 법은 마법의 회사 몰아주기 사건에서 잠깐 언급된 이후 10년이 지난 지금까지 적용된 적이 거의 없다. 죽은 법이나 다름없는 것이다. 처음에는 이 법을 공사 구별법으로 쓰기 위해 만들었던 것 같지만, 지금은 '회장 개인 사업 허용법'이라고 부르는 편이 오히려 더 맞는 것으로 보인다.

정리하면, 오늘날 우리나라의 법은 사장이 회사와 관련해 어떤 일을 결정할 때 '이왕이면 회장님을 위해서' 해도 아무런 문제가 없다. 회사에 공과 사를 구별하라는 법이 제대로 생긴다면, 모두 '이왕이면 회장님을 피해서' 결정해야 할 것들인데도 말이다.

- - - -

제대로 된 공사 구별법이 되려면 법에서 무엇을 규정해야 할까? 여러분이 초등학생이라고 가정하고 다음의 상황을 생각해 보자. 학급비를 모아서 분필을 사는데 학급 회장이 자기 부모님이 운영하는 문방구에서 분필을 사 오겠다고 한다면 어떻게 할 것인가? 본능적으로 그래서는 안 된다는 생각부터 들지 않을까? 공사 구별은 당연한 상식이지 않은가? 학급비는 각 학생의 부모님이 주는 돈인데, 이렇게 하면 학급 회장만 학급비를 내지 않는 셈이 된다. 그런데 학교 주변에 분필을 파는 곳이 회장네 문방구밖에 없어서 불가피하게 그곳에서 사야 한다면 어떻게 해야 할까? 정말 주변에 분필을 살 만한 다른 곳이 없는지, 취급하는 분필의 품질은 진짜 좋은지, 다른 가게보다 가격이 비싸지 않은지 학급 학생 전체가 조사해서 토론을 해야 할까? 너무 복잡한 방법이라 따르는 사람이 적을 것이다. 이보다 더 쉬운 방법이 있다. 바로 부모님 문방구에서 분필을 사 오자고 제안한 학급 회장이 위의 사항을 정확하게 조사해서 설명하고, 학급 회의에서 다른 친구들의 동의를 얻는 것이다. 학급 학생들 다수가 찬성할 경우 학급 회장네 가게에서 사되, 학급 회장네 부모님이 분필을 팔아서 얻는 이익은 거의 없어야 한다. 그리고 대다수 학생이 돈을 아끼는 것보다 학급 친구 사이의 공평함을 중요하게 여긴다면, 돈이 더 들더라도 회장네 문방구가 아니라 거리가 떨어진 문방구에 가서 분필을 사 오자고 결정할 수 있다.

회사에서도 똑같이 하면 된다. 회사가 회장 또는 회장의 가족이나 친척, 아니면 회장 자신이 운영하는 개인 회사와 거래를 하거나, 이들이 주주로 있는 다른 회사와 합병하는 것을 원칙적으로 하지 못하게 해야 맞다. 반드시 그래야 하는 특별한 이유가 있을 때에는 그것이 회사 전체에 이익이 된다는 사실과 그런 결정을 하더라도 회장이 얻는 개인적인 이익이 없다는 것을 명확히 알리고 다른 주주들의 동의를 얻어야 한다. 이것이 공사 구별이다.

회사는 공공기관이 아니라 개인 재산인데 왜 공사 구별이 필요하냐며 누군가가 의문을 던질 수도 있다. 좋은 지적이다. 하지만 창업자가 자신의 돈만으로 회사를 설립했을 때 그 회사는 '개인 회사'지만,

다른 사람의 돈이 투자되는 순간 더 이상 개인의 것이 아니다. 동업자가 있는 회사의 재산을 개인적으로 써서는 안 된다. 주주가 늘어나고 상장까지 해서 주주가 수백 수천 명이 되면 동업자가 그만큼 늘어나는 것이다. '공익'이라는 말은 공공기관에서만 쓰는 것이 아니라 수많은 '남의 돈'을 받아서 사업하는 사장이나 회장에게 적용될 수 있다. 모두를 위해 결정해야 하는 것이 '공익'이고, 회사의 공식 서류에 적혀 있는 지분율 이상으로 이익을 가져가는 것은 '사익' 추구이니 말이다.

사장은 회사의 일을 맡아서 하는 사람이다. 그렇다면 법에서 말하는 사장의 의무, '회사가 일을 맡긴 원래의 뜻'이란 무슨 의미일까? 축구팀이 리그 우승을 했을 때 감독은 우승을 위해서 최선을 다해 준 선수들에게 각자의 기여도에 따라 공정하게 상금을 나누어 줄 의무도 있는 게 아닐까? 어떤 회사의 사장이 경영 성과에 따라 이익과 손해를 함께 입게 되는 주주 중에서 특정 주주에게만 이익이 되는 거래를 해서는 안 되는 것 역시 회사가 사장에게 일을 맡긴 '원래의 뜻'에 포함된다. 말 그대로 상식이다. 하지만 이런 상식이 법에 들어 있지 않다면, 그렇게 해석할 수 없다고 한다면… 잘 보이게 확실히 드러내 주면 된다.

세상을 바꾸는
세 글자

23

지금까지 우리가 살펴본 재벌법의 모든 문제는 허무하게도 언뜻 보면 좋아 보이는 짧은 법 문구 하나에서 출발한 것이다.

> **상법 제382조의3(이사의 충실 의무)**
>
> 이사는 법령과 정관의 규정에 따라 회사를 위하여 그 직무를 충실하게 수행하여야 한다.

부당거래법, 지주회사법, 사장 의무법과 같은 재벌을 규제하는 법이 재벌이 돈 버는 방법과 끝임없는 숨바꼭질과 헛발질을 계속하는 이유는 이 상법 조항, 충실 의무법에 적혀 있는 '회사를 위하여'라는 여섯 글자 때문이다. 이 책에서 우리가 배운 모든 재벌이 돈 버는 방법은 '회사를 위하여' 무언가를 하는 중간에 '회장이 이익을' 얻도록 설계되었다는 사실을 상기해 보자. 밀어주기, 몰아주기와 통행세 거래는 회사 거래의 효율성, 보안성, 긴급성과 같은 회사의 이익을 추구한다는 명목으로 진행되었고 합병과 분할, 자기주식을 이용한 지주회사 전환 역시 경영 효율화나 지배구조 투명성 제고처럼 겉으로는 '회사를 위하여' 필요한 거래였다. 그래서 이런 거래를 하는 회장이나 사장은 자신이 충실 의무duty of loyalty를 위반하지 않았다고 주장할 수 있었다.

그러나 재벌법을 이용해 회장의 이익과 지분율을 높이는 거래가 이루어졌다는 것, 회장의 이익이 극대화되는 시점에서 상장회사의 거래가 이루어졌다는 것은 모두 분명한 결과적 사실이다. 하지만 이런 거래에 대해서 회장에게 이익이 됐음에도 그저 '회사를 위해서' 일하는 중에 부수적으로 일어났다고 설명하면 우리나라의 사장 의무법, 특히 충실 의무법을 별문제 없이 통과할 수 있는 게 지금까지의 현실이었다. 이렇게 핵심 스트레이트 펀치가 가드에 막히자 법은 부당거래법, 세법, 유용금지법과 같은 변죽만 울리는 잽으로 공격을 시도해 왔다. 하지만 잽은 피하기도 쉽고 맞더라도 당사자는 큰 충격을 받지 않는다. 판정으로 갔을 때 잽을 많이 날렸다고 이긴다는 보장도 없다.

하지만 충실 의무법의 '회사를 위하여'라는 말에는 당연히 '회사와 같은 배를 탄 모든 주주를 위하여'라는 뜻, 그러니까 '주주 중 어느 하나를 특별 대우해서는 안 된다'는 뜻이 들어 있다. 즉 회사를 위한다는 말에는 당연히 전체 주주들의 공평한 이익을 위해 일한다는 의미가 내포되어 있다.

합병과 같은 거래는 회사의 실제 이익과 아무런 관계가 없고, 오로지 합병에 참여하는 회사 주주들의 이익과 손해에만 관련된 것이다. 회사로서는 두 개의 덩어리가 하나로 합쳐지는 것인데 달라지는 것이 무엇이 있겠는가? 법적으로 합병은 소멸하는 회사의 주주가 헌 주식을 반납하고 새 주식을 받는 '주주들의 거래'이므로, 이런 거래를 할 때 '회사를 위해서' 일하라는 말은 전혀 맞지 않는다. 합병 비율을 어떻게 정하든 회사에는 아무런 영향을 미치지 않기 때문이다.

그럼에도 불구하고 현재 이런 상식들은 인정되지 않고 있다. '회사를 위하여'라는 말은 '모든 동업자를 위하여'라는 말과 그 의미가 다르지 않은데 우리 대법원은 '회사를 위한 것은 맞지만 모든 동업자를 위한 것은 아니다'라고 선을 긋고 있다. 법은 문언 자체가 중요하다. 그런데 법문에는 '회사'만 있고 '동업자', 즉 '주주'라는 단어가 없기 때문에 이런 일이 벌어지고 있는 것이다.

그렇다면 상법 제382조의3에 '총주주'라는 세 글자를 넣어 보면 어떨까? 현실에서 무엇이 바뀔까?

> **상법 제382조의3(이사의 충실 의무)**
>
> 이사는 법령과 정관의 규정에 따라 회사와 총주주를 위하여 그 직무를 충실
> 하게 수행하여야 한다.

　뜻을 분명히 하고 싶다면 아예 글자로 써 넣으면 된다. 그냥 '주주'
라고 하지 않은 이유는 사장이 수많은 주주 중 어느 한 명만을 위해
일해서는 안 되기 때문이다. 기본적으로 사장은 회사를 위해서 일해
야 하고 주주들이 개인적으로 요구하는 것을 하나하나 들어줄 수 없
다. 회장뿐 아니라 특정 주주 한 명의 이익을 위해 일하는 것 또한 주
주 전체에 대한 충실 의무 위반이다. 회장의 이익을 위해 회사의 정책
을 결정하는 것처럼 특정 주주의 이익을 위해 결정하는 것 역시 공과
사를 구별하지 못한 것이다. 사장은 회사를 위해 일하는 것처럼 주주
전체의 이익을 위해 일해야 한다. 그래서 총주주라는 단어를 넣은 것
이다. 쉽게 '주주 전체'라고 해도 되지만, '총주주'라는 말이 상법의 다
른 조항에서 이미 같은 의미로 쓰이고 있기에 이 말을 넣었다.

　총주주, 세 글자를 법에 넣으면 문제는 의외로 간단해진다. 지금까
지 나왔던 모든 재벌법에 관한 이야기를 한 줄기로 모아서 말끔하게
정리할 수 있다. 복잡한 법리와 요건을 고민할 필요도 없고 회장과
사장이 분명하게 '공사 구별'을 했는지만 보면 된다.

　그러면 밀어주기와 몰아주기에서 그 거래의 대가가 시장에서 거래

하는 가격보다 '상당히' 높았는지 낮았는지 아니면 규모가 '상당히' 많은 것이었는지, 그래서 회사에 이익인지 손해인지 머리 빠지게 고민할 필요가 없다. 해당 거래가 회사의 특정 주주, 예컨대 회장에게 특별히 이익이 되는 것은 아닌지만 보면 된다. 공사 구별을 하고 이해상충을 피하는 것이다. 아무리 시장 가격이었다고 해도 회장님 회사와 거래했다면 결과적으로 회장에게 이익이 된 것이다. 이런 거래를 했을 경우 회장은 회사에 어떤 이익이 있었는지를 소명하고 다른 주주들을 설득해야 한다. 구체적인 조건이 회장에게 너무 유리했거나 회사에 불리했다면 세금으로 해결하면 된다.

통행세 거래 역시 실제로 끼어 들어간 회사가 역할을 했느냐 안 했느냐 따질 필요 없이 특정 주주의 회사가 끼어 들어간 것 자체로 이익이 되었으므로 충실 의무를 위반한 것이 된다. 끼어 들어간 회사가 중간에서 어떤 역할을 했고, 그래서 회사에 이익이 됐다면 그에 대해 다른 주주들을 설득해야 한다.

합병이나 주식 교환처럼 주주들의 이익이 직접적으로 왔다 갔다 하는 경우에는 총주주가 손해를 입는 것은 아닌지 철저히 신경 써야 한다. 만약 회장님 회사와 합병할 때 우리 회사의 가치가 조금이라도 느슨하게 평가된다면 사장이 그 차액만큼 회사에 손해를 배상할 각오를 해야 한다. 상장회사의 경우, 주주 보호를 위해 조금이라도 더 주가가 높을 때 합병하기 위해서 치열하게 고민하지 않는다면 역시 충실 의무 위반이 된다. 지주회사를 만들기 위해서 회삿돈으로 산 자기주식을 회사를 위해 쓰지 않고 회장의 지분율 증대를 위해 이용하는 것도 곧바로 충실 의무 위반이다. 이때는 자기주식을 산 회삿돈만큼 그 결정을 한 사장이나 회장이 다시 회사에 배상해야 한다.

총주주라는 세 글자를 법에 넣어 두면 시간과의 싸움도 사라진다. 앞으로 어떤 새로운 재벌이 돈 버는 방법이 나오더라도 국회에서 새 재벌 규제법을 만들거나 대법원의 판결을 기다리느라 몇 년의 세월을 보내는 지루한 숨바꼭질을 끝낼 수 있다. 모든 재벌법은 회사의 돈을 이용해 거래를 하면서 다른 주주들에게는 손해를 입히더라도 회장에게는 확실한 이익을 주는 방법을 고안함으로써 탄생한다. 그러므로 총주주에 대한 충실 의무를 규정해 두면, 사장은 어떤 형태로든 회장을 다른 주주들과 달리 취급하는 거래를 하지 못하게 된다.

이사의 충실 의무법에 '총주주' 세 글자를 넣으면 이렇게 많은 것이 바뀔 수 있다.

- - - -

사실 법조에 있는 사람에게 이런 얘기를 하면 꽤 불편해할 것이다. 교수나 판사, 검사, 변호사들 대부분이 그럴 것이다. 학교에서 배운 것과 전혀 다르기 때문이다. 우리나라 법학에서는 회사라는 '법인'이 실제로 존재하는 것과 같다고 배우고, 따라서 사장은 '회사'라는 실존하는 인물을 위해 일하는 것이지 회사의 '주주'라는 별개의 존재를 위해 일하는 것은 아니라는 인식이 강하다. 이는 우리나라의 회사 제도와 법의 대부분을 일본에서 가져온 탓이다. 일본은 19세기 후반

메이지 유신을 하면서 독일에서 법을 배워 왔는데, 당시 독일 법학의 대세는 '법인실재설Realitätstheorie'에 기초한 것이었다. 법인은 눈에 보이지 않지만 실제로 존재하는 것이기 때문에 사람처럼 책임도 지고 형벌도 받을 수 있다는 이론이다. 물론 다른 주장도 있다. '법인의제설Fiktionstheorie'은 법인이라는 제도가 단체나 조직의 법률관계를 간단하게 처리하기 위한 법 기술에 불과하다고 보는 것이다. 쉽게 말해 법인 명의로 은행 계좌를 하나 만들어 두면 회사의 이름으로 이루어지는 거래를 모두 그 계좌를 통해 결제할 수 있어서 편리하다는 뜻이다.

처음 회사라는 것이 왜 만들어졌는지 생각해 보면 사실 후자가 현실에 더 가깝다. 법인은 눈에 보이지 않는 껍데기에 불과하지 않은가.

사장은 특정 주주 한두 명을 위해서 일하는 것이 아니고 또 그래서도 안 되기 때문에, 사장을 포함한 회사의 이사가 주주 한 명 한 명을 위해 충실 의무를 갖는다는 법은 만들어질 수 없다. 하지만 총주주란 회사와 재산적 운명을 같이하는 사람들을 의미한다. 회사를 위해서 일을 하는 사장이라면 총주주를 위한 충실 의무 또한 당연히 가져야 한다. 물론 사장은 회사에 이익이 되는 결정을 내릴 때마다 이것이 특별히 총주주를 위한 일인지 생각할 필요는 없다. 회사를 잘 경영해서 이익을 내면 곧 모든 주주에게 이익이 되기 때문이다. 그중 특정 주주의 이익이 되는 거래와 회사의 이익에 영향을 미치는 거래에 대해서만 신경 쓰면 된다. 독일인지 미국인지 실재인지 의제인지 이런 어려운 말로 생각할 것이 아니라 상식에 기초해서 한걸음만 더 깊게 생각해 보면 된다.

한번 상상해 보자. 상법 382조의3에 세 글자를 넣으면 세상이 어떻게 바뀔지. '총주주'가 '세상을 바꾸는 세 글자'가 될 수 있을지.

나는 이 '세바세'를 제안한다.

- - - -

몇 년 후, 세바세가 이루어졌다. 회장과 같은 특정 주주에게만 이익을 챙겨 주는 거래가 법적으로 회장과 사장의 충실 의무 위반이 되었다. 밀어주기와 몰아주기는 없어졌고, 통행세를 걷던 도깨비도 사라졌다. 다만 기업 클라우드와 같이 그룹 내에서 함께 이용해야 하는 서비스를 할 때는 회장이 아닌 계열회사들이 필요한 만큼 출자해서 설립한 회사가 담당하게 되었다.

이미 만들어진 지주회사를 되돌릴 수는 없었지만, 자회사에 대한 지분율을 적어도 50% 이상 확보해야 지배할 수 있게 되어 그만큼 적은 돈으로 모든 그룹을 지배한다는 비판은 줄어들었다. 지주회사들이 자회사에 대한 지분율을 맞춰야 했기 때문에 자회사들은 배당률을 높이기 시작했고, 일반 주주들도 높은 배당률과 오르는 주가에 즐거운 나날을 보냈다. 코리아 디스카운트는 점차 사라져 갔다. 주가가 오르면서 한국 주식 시장에 약 132조 원을 투자했던 국민연금의 투자 가치가 200조 이상으로 증가했다. 국민들의 연금 고갈에 대한 걱정이 크게 줄었다.

더 이상 회장 회사나 회장의 지분율이 높은 회사의 가치를 고평가해 합병하는 것이 불가능해졌다. 그럴 경우 합병되는 회사에 합병에 따른 손해를 배상해야 하기 때문이다. 주가와 관계없이 회사의 가치를 객관적으로 측정하고 그것에 가장 근접한 주가에서 합병을 결정하는 것이 관행이 되었다. 일반 주주에게 시가보다 상당히 높은 보상을 하지 않으면 상장폐지를 위한 공개 매수에서 절대 성공을 장담할 수 없게 되었다.

세바세 이후 계열회사 사이의 거래가 어려워지면서, 계열회사는 아니지만 좋은 제품과 서비스를 제공하는 독립적인 중견기업, 중소기업과 스타트업의 매출이 크게 늘었다. 대기업은 그들의 품질과 안정성을 검증하기 위해 전문성 높은 임직원들을 더 많이 고용해야 했다. 이전에 계열회사들 사이에서 느슨한 협상을 통해 대강 거래 조건을 결정했을 때와는 확연히 달라진 모습이었다.

계열회사라는 든든한 고정 수요처를 잃은 대기업들도 정신을 차렸다. 회장에게 이익이 가는 거래를 하다가는 충실 의무 위반으로 소송당할 수 있게 되자 계열회사 사이의 거래일지라도 철저히 협상하는 것이 일상이 되었다. 그러다 보니 잘나가는 계열회사가 매출이 적은 계열회사에 '내부 갑질'을 한다는 우스갯소리까지 나왔다. 차라리 계열회사가 아닌 다른 회사들과 거래하는 것이 더 나았다. 회장들은 경영에 시시콜콜 관여하느니 차라리 지주회사의 대주주로 명예 활동을 하는 편을 선택하기 시작했다. 각 회사의 사장들은 경영 판단을 독립적으로 하는 것이 당연시되었다. 그것이 자신에게 좋은 일이라는 사실을 회장들도 곧 깨닫게 되었다.

  마지막으로 재원, 영미, 우현 그리고 지혜의 이야기도 전한다. 치킨코리아는 좋은기름㈜와 더 이상 거래를 하지 않기로 했다. 대신 식용유 공급 업체를 세 군데로 늘렸다. 어느 한 곳에서 문제가 생겨 갑자기 식용유 물량이 달리는 상황에 대비하기 위해서였다. 곧 식용유 품질을 주기적으로 검사하고 물량 관리를 담당할 팀장 한 명을 새로 채용했다. 식품영양학과를 졸업하고 식품회사에서 오랫동안 식용유 연구와 유통을 담당한 베테랑이었다. 치킨코리아운영㈜는 코리아홀딩스㈜로 합병되어서 자회사들에 청소와 설거지 서비스를 제공하고 다른 회사들과 비슷한 서비스 수수료를 받았다.

  코리아홀딩스㈜는 자회사인 치킨코리아, 버거코리아, 피자코리아의 지분율을 50% 이상으로 올리기 위해 시장에서 자회사들의 주식을 계속 사들인 후 소각했다. 이를 위해서 가장 돈을 잘 버는 치킨코리아는 몇 년 동안 이익의 50% 이상을 모회사인 코리아홀딩스㈜에 배당해야 했다. 그러면서 치킨코리아의 주가는 3배로 뛰었다. 치킨코리아그룹의 핵심 회사이고 앞으로도 계속 배당을 높일 수밖에 없는 상황이었기 때문에 일반 주주는 물론 외국인 투자자들도 투자 비중을 높였다. 그러던 어느 날 재원은 치킨코리아를 매각하기로 결정했다. 코리아홀딩스㈜가 가진 치킨코리아 주식 전부가 외국계 사모펀드에 무려 3000억 원에 팔리면서 코리아홀딩스㈜의 주가도 크게 올

랐다. 재원이나 영미는 물론, 그동안 스톡옵션을 행사해서 코리아홀
딩스㈜의 주식을 5% 갖고 있던 우현도 성공의 기쁨을 나눠 가졌다.

재원은 매각 대금으로 다른 사업을 구상하고 있고, 영미는 새로운
해외 사업을 담당하게 되었다. 우현은 이제 투자회사로 자리를 옮겨
그동안 쌓은 치킨코리아의 성공 경험을 후배 창업자들에게 나누어
주려고 한다.

밤이 깊어 가고 셋의 이야기는 끊이지 않는다.

파티를 기다린다.

코리아 디스카운트가 코리아 프리미엄으로 바뀐 그날의 파티를.

· **사장 의무법** | 회사의 경영에 관한 의사 결정을 할 때에는 모든 정보를 모아 심사숙고해서 성실하게 하고(선관주의 의무), 사장 자신과 회사 사이에 이해관계가 엇갈릴 때는 회사를 위한 판단을 해야 한다(충실 의무)는 법. 하지만 회사와 사장이 아닌 주주들 사이의 이해관계가 엇갈릴 때 사장이 누구를 위해 판단을 해야 하는지에 관한 법이 없기 때문에 지난 25년간 수많은 재벌법이 나왔다.

· **자기거래법, 공사 구별법** | 회사의 사장은 이해관계가 충돌하는 상황에서 자신의 이익이나 특정 주주를 위한 결정을 하지 못하도록 해야 한다(공사 구별법). 그런데 우리 법에는 이 규정이 존재하지 않으며 이런 상황에서 이사회의 승인을 받으면 된다고 규정하는 상법(자기거래법)만 있다. 이 또한 거수기 이사회하에서 아무런 힘이 없는 것이 현실이다.

· **주주 자본주의, 이해관계자 자본주의, 주주 행동주의** | 자본주의 시장경제하에서 회사란 돈을 낸 사람, 즉 주주들이 가장 중요한 의사 결정을 하는 것이 원칙이다(주주 자본주의). 그리고 주주에 대한 배분을 높이기 위해 소송 등 적극적인 행동을 하는 경향을 주주 행동주의라고 한다. 반대로 주주들이 지나치게 단기 이익을 추구하거나 사회적 문제에 침묵한다는 비판하에 주주가 아닌 근로자, 채권단, 소비자 등 회사의 이해관계자들도 회사의 의사 결정에 참여해야 한다는 이해관계자 자본주의도 주장되고 있다.

부록:
4949 판결과 치즈 통행세 판결 뜯어보기

재벌법의 핵심은 바로 사장의 의무, 즉 선관주의 의무와 충실 의무다. 그런데 이런 의무를 두려워하는 수많은 사장의 마음을 '편안하게' 만들어 준 판결들이 있다. 여기서는 판결에 대한 비판이 아니라 그 판결을 가능하게 한 법 자체에 대해서 이야기할 것이다. 특히 이런 푸근한 판결 중 대표적인 사례 두 가지를 자세히 살펴보도록 하자.

＿ ＿ ＿ ＿

또다시 4949 판결을 불러올 차례다. 여러분도 대략 내용을 기억하고 있을 것이다. 4949 판결에서 사장은 주주들에게 주식으로 바꿀 수 있는 전환사채를 1/10 가격으로 싸게 팔기로 했지만, 모든 주주가 구매를 포기하는 바람에 이를 회장 가족에게 팔았다. 그리고 사장은 무죄를 받았다. 무죄의 이유를 사장과 사장의 의무로 바꾸어 다시 정리하면 이렇다(구체적인 숫자는 설명을 위해 간단하게 바꾸었다).

① 사장이 10만 원짜리 회사 주식으로 바꿀 수 있는 전환사채를 1/10 가격인 1만 원에 주주들에게 먼저 팔겠다고 한 것은 사장의 의무를 위반한 것이 아니다.

② 먼저 팔겠다고 했는데도 불구하고 주주들이 1/10 가격인 전환사채 구매를 포기했다면 사장이 이 전환사채를 곧바로 똑같은 값에 회장 가족에게 팔아도 사장의 의무를 위반한 것은 아니다(이렇게 다른 사람에게 팔 때는 원래 정가인 10만 원에 팔아야 한다는 반대 의견 있음).

③ 회장의 가족이 나중에 전환사채를 주식으로 바꿔서 회사에 대한 지분율을 엄청 높였다고 해도 주주들이 이런 사실을 잘 알고 있었고, 그런데도 스스로 구매를 포기해서 생긴 일이다. 그러므로 주주들 사이의 문제일 뿐 사장이 사장의 의무를 위반한 것은 아니다.

사실관계를 정리하면, ①사장은 주주들에게 원래 10만 원짜리 주식으로 바꿀 수 있는 전환사채를 1만 원에 살 수 있는 기회를 주겠다고 했고, ②이렇게 먼저 기회를 주겠다고 했는데도 주주들이 1/10 가격인 전환사채 구매를 스스로 포기하는 바람에 같은 값에 회장 가족에게 팔았고, ③회장 가족이 나중에 전환사채를 주식으로 바꿔 회사의 대주주가 되었다.

대법원은 이러한 사실관계를 순서대로 보면서 사장이 '사장의 의무'를 위반했는지 판단했다. 그리고 ①도 무죄, ②도 무죄, 그리고 ③도 무죄이므로 사장은 무죄라는 판결을 내린 것이다.

하지만 결합의 오류라는 것을 기억하는지 모르겠다. 하나씩은 옳을 수 있지만, 그것을 다 합쳤을 때도 항상 옳은 것은 아니라는 논리적 오류다. 어린아이에게 눈을 감고 돼지를 그려 보라고 하면, 아이는 돼지 코와 돼지 꼬리와 몸통과 얼굴과 눈과 귀와 입과 다리를 그릴 것이다. 그러나 눈을 뜨면 돼지가 아니라 다른 무엇이 그려진 스케치북을 발견할 것이다. 슬프게도 이 판결은 그것과 비슷한 결론이 되고 말았다.

그 이유를 최대한 쉽게 설명해 보려고 한다. ①과 같이 해도 사장이 무죄인 까닭은 사장이 주식이든 주식으로 바꿀 수 있는 전환사채든 그것을 얼마에 팔던지 주주들 모두에게 살 기회가 공평하게 주어진다면, 지분율이 '의도치 않게' 바뀌지는 않기 때문이다. 즉, 주주들이 주식을 10만 원에 1주를 사나 1만 원에 10주를 사나 상황은 똑같다. 그런데 ②와 같이 주주가 아닌 '제3자'가 살 때는 얘기가 달라진다. 10만 원짜리 주식을 1만 원에 팔 경우, 제3자는 주식이 10만 원이었다면 1주밖에 사지 못했을 값으로 10배의 지분율을 차지할 수 있기 때문이다. 원래 주주가 아닌 다른 사람은 정가에 사야 하는 게 맞다. 하지만 4949 사건에서 사장은 '주주들한테 팔고 싶었는데 전부 포기하는 바람에 다른 사람에게' 팔았던 것이다. 그래서 대법관들의 의견이 6:5로 팽팽히 맞섰다. 대법관 6명은 처음에 주주들에게 골고루 기회를 주었으니 회장 가족에게 싸게 팔아도 된다고 했고, 5명은 결과적으로 주주가 아닌 다른 사람, 즉 회장 가족에게 팔았으니 정가에 팔았어야 한다고 보았다. 다수가 첫 번째 의견이 옳다고 보았고, 싸게 팔아도 위법이 아니라는 결론을 내렸다. 마지막으로 ③은 ②의 결과이기 때문에 사장이 더 이상 어떻게 할 수 있는 문제가 아니라고 판단했다. 논리적으로는 맞는 얘기다. 이미 사장의 손을 떠난 후에 회장 가족이 전환사채를 주식으로 바꾼 것이므로 사장은 자신의 의무를 위반했다고 볼 수 없다.

대법원은 ①, ②, ③을 통해 이 사건에서 사장의 의무 위반은 없었고 오로지 주주들이 스스로 포기한 것만 문제라고 보았다. 하지만 이 사건에서 사장이 했던 행동을 모두 합쳐서 보면 어떤 결론이 나올까? 아니, 반드시 처음부터 끝까지, 목적부터 결과까지 모조리 합쳐서 봐야 하는 것이 아닐까? 만약 회사에 돈이 필요해서 사장이 주주들에게 전환사채를 팔려고 했던 것이 아니라 처음부터 회장 가족에게 싼값에 주식을 살 기회를 주기 위해서 이 모든 일을 했다면, 사장은 사장의 의무를 위반했다고 봐야 하지 않을까? 그런데 이렇게 합쳐서 봐도 우리 법은 사장의 의무를 위반했다고 보지 않는다. 바로 앞에서 보았던 이 법 때문이다.

"사장은 회사를 위해 일할 의무가 있지만, 회사의 주주를 위해 일할 의무가 있는 것은 아니다."

사장은 회사라는 추상적인 존재를 위해 일하는 것이고, 회사 전체 구성원이라는 구체적인 실체를 위해 일하는 것은 아니라고 규정한 이 법이 있기 때문에 다른 주주들이 모두 손해를 보고 회장 한 명만 큰 이익을 보는 결정을 사장이 하더라도 위법이 아니라는 결론이 난다. 그 결정 때문에 회사가 손해를 입지 않았다면, 사장은 사장으로서 자신의 의무를 다했다고 보는 것이 현재 우리나라의 법이다. 여기에서 '회사의 손해'란 회사에 투자한 전체 주주들에게 손해를 입혔는지가 아니라 회사의 장부에서 마이너스가 생겼는지, 회사의 은행 계좌에서 돈이 빠져나갔는지를 말하는 것이다. 얼핏 보면 맞는 말 같지만, 사실은 그렇지 않다.

4949 판결을 보자. 회사는 이런 거래를 하면서 주주들과 물건을 사고판 것도 아니고 무언가 일을 해 준 것도 아니다. 회사는 주식이나 전환사채라는 것을 새로 만들어서 팔고 돈을 받았을 뿐이다. 이런 일을 하면 회사는 무조건 돈을 번다. 새로 투자를 받는다는 뜻이다. 그런데 회사가 주식이나 전환사채를 찍어 내는 데는 돈이 들지 않는다. 그저 종이에 몇 글자 쓰면 끝이다. 회사는 눈에 보이지 않는 권리를 새로 만들어 팔았을 뿐이고, 그 권리는 원래 세상에 존재하는 것도 회사의 것도 아니었다. 만들어진 후 팔려 나가면 주주들의 것이 될 뿐이다. 그런데 이런 거래에서 회사에 무슨 손해가 날 수 있겠는가? 회사의 장부나 계좌에 마이너스가 생길 리 없다. 이런 상황에서 새로 만들어 낸 주식이나 전환사채를 누구에게 주던 사장의 의무 위반이

되지 않는다. 아니, 사장이 회사에 손해를 입혀서 일부러 의무를 위반하고 싶어도 위반할 수조차 없다.[43]

법이 이렇기 때문에 사장이 이런 거래를 하면서 솔직하게 자신은 '회장을 위해 싸게 전환사채를 팔았고 다른 주주들에게도 포기해 달라고 부탁한 것'이라고 말해도 법적으로 문제가 없다. 사장은 자신의 의무 위반을 걱정하지 않고 마음 편하게 일할 수 있다.

- - - -

다음으로 '치즈 통행세' 판결을 보자.[44] 전국에 많은 가맹점을 두고 있는 큰 피자 회사라면 치즈를 마트에서 사지 않는다. 보통 치즈 제조사로부터 직접 공급을 받아서 가맹점으로 보내 준다. 이렇게 치즈 회사가 피자 회사에 직접 치즈를 납품하고 있었는데, 어느 날 A사라는 치즈 유통회사가 치즈 회사에 찾아와 치즈를 자신에게 공급해 주면 자신이 피자 회사에 납품하겠다고 말한다. 알아보니 A사는 피자 회사 회장 동생의 회사였다. 치즈 회사 입장에서는 치즈 가격을 깎아 달라는 것도 아니고, 최대 거래처 회장의 동생 회사이기도 하니 그냥 A사에 치즈를 공급하고 A사가 피자 회사에 납품하도록 했다.

초반에는 A사가 일을 좀 하는 것 같았지만, 나중에는 처음처럼 치즈 회사가 피자 회사에 치즈를 직접 가져다주고 서류상으로만 치즈 회사-A사-피자 회사로 거래가 이루어진 것으로 해 두었다. 피자 회사는 A사에 이윤을 남겨 주기 위해 원래 치즈 회사에서 사 오던 가격보다 조금 높은 가격으로 A사에 주문을 하고 대금을 결제해 주었다. 피자 회사는 원래 한 달에 10억 원어치의 치즈를 구매했는데, A사에서 구매하게 되면서 10억 5000만 원을 결제하기 시작했다. 공식적으로는 유통 서비스에 대한 대가로 매월 5000만 원을 더 지불한 것이다.

단순히 '회장이 매달 5000만 원을 회장 동생에게 줬군'이라고 생각할 수 있겠지만, 그리 간단한 문제는 아니다. 만약 A사가 피자 치즈와 시장에 대한 연구를 열심히 해서 치즈 회사와의 가격 협상에서 결과를 유리하게 이끌어 내거나 여러 치즈 회사에 대한 유통망 관리를 했다면 어떨까? 정당한 서비스 가격이라고 볼 수 있지 않을까? 이 문제는 앞에서 배운 두 가지 재벌법으로 나눠서 생각해 볼 수 있다. 복습한다는 생각으로 살펴보자.

부당거래의 관점

회장이 A사를 통해서 동생에게 한 달에 5000만 원씩 준 것은 부당거래법을 위반한 것일까? 부당거래법에서는 '다른 사업자와 직접 상품·용역을 거래하면 상당히 유리함에도 불구하고 거래상 실질적인 역할이 없는 특수관계인이나 다른 회사를 매개로 거래하는 행위'를 할 경우 불법이다. 이 조항 순서대로 질문을 던져 보자.

첫째, 피자 회사가 치즈 회사와 직접 거래했다면 상당히 유리했을까? 처음에는 치즈값으로 한 달에 10억 원을 지출했었는데 A사와 거래하면서 10억 5000만 원을 지출하게 되었으니 직접 거래 시 더 유리했을 거란 말은 옳다. 그런데 두 가지 더 고려해야 할 것이 있다. 전체 거래 금액에서 5000만 원은 5%밖에 되지 않는다. 그렇다면 5% 더 싸게 산 것이 '상당히' 유리했다고 볼 수 있을까? 또 만약 치즈 원 룟값이 계속 오르는데 A사가 치즈 회사와 협상을 잘해서 가격이 덜 올랐을 경우, '직거래했다면 유리했을 것'이라는 말이 맞을까? 이건 다음 질문과도 연결되는 문제다.

둘째, A사가 거래상 실질적인 역할이 없었는지 살펴보자. 이건 정 말 어려운 문제다. 서류로는 전부 치즈 회사-A사-피자 회사로 거래 가 이루어졌고, 거래에 따라 내야 하는 세금(부가가치세)은 치즈 회사도 A사도 모두 냈기 때문이다. 물론 실제 사건에서 A사는 서류 속 모습 과 사뭇 달랐다. 사무실도 다른 회사 사무실 옆 공터에 컨테이너 하 나 놓아둔 것이 전부였고, 거래를 하기 위한 세금계산서 발행 같은 실무도 그 다른 회사 직원이 대신해 주었다. 그러니 '실질적인 역할' 이 없었다고 판단하기가 쉬웠을 것이다.

하지만 만약 A사가 번듯한 사무실을 두고 상근 직원도 한 명 있어 서 매출을 계속 관리하고, 치즈 유통 정보도 꾸준히 수집해서 가격 협 상도 적극적으로 했다면? '실질적인 역할'이 없어서 부당거래라는 주 장은 맞지 않게 된다. 또 이런 경우 A사가 지출하는 비용에 비해서 받 는 수수료가 너무 많은 것은 아닌지, 구체적인 업무의 비용과 효용은 어떤지, 원가와 이윤은 얼마나 되는지, 그렇다면 적정 이윤은 도대체 얼마로 보아야 하는지와 같은 복잡한 질문들이 꼬리에 꼬리를 물고 이어질 수 있다.

사장 의무의 관점

다음으로 '사장의 의무'라는 관점에서 보자. 사장의 의무는 회사를 위해서 손해가 나지 않도록 착한 관리자로서 신경을 쓰면서 일하라는 것이다. 그리고 이 의무는 앞에서 본 '회장법(상법 제401조의2)'에 따라 회장에게도 똑같이 적용된다. 회장도 회사를 자신의 물건처럼 마음대로 다루는 것이 아니라 다른 사람에게서 부탁받은 것과 같이 신경을 쓰면서 착한 관리자로서 일해야 한다. 그러면 치즈 통행세 사건에서 회장은 이런 '선관주의 의무'를 잘 지켰을까? 여기서도 두 가지 관점으로 나눠 볼 수 있다.

첫째, 회사의 돈을 회사를 위해 쓰지 않고 개인적으로 또는 다른 사람을 위해 쓰는 것을 '횡령'이라고 한다. 쉽게 말해 회삿돈 빼돌리기인데, 여러분은 '공금 횡령'이라는 말이 더 익숙할 것이다. 그러면 이 사건에서 회장이 A사에 전보다 비싼 치즈값을 지급한 것은 공금을 횡령한 것일까? 우리 법은 더하기 빼기가 아주 딱 떨어지는 경우가 아니라면 공금 횡령이라 인정하지 않는 편이다. 금고에 비자금을 쌓아 두고 기록 없이 돈을 빼 가거나 실제 근무하지 않는 친인척을 직원인 것처럼 기록해 놓고 월급을 지급하는 것 등이 대표적인 횡령이다. 따라서 다소 말장난 같긴 하지만 (법 해석이라는 것이 보통 이렇다) 일단 치즈는 산 것이 맞고, 치즈값 명목으로 돈이 나갔으므로 그 돈이 좀 더 나갔다고 해서 공금을 횡령했다고 보기는 어려울 수 있다.

둘째, 이렇게 딱 떨어지는 돈이 회사에서 근거 없이 빠져나가지 않았더라도 고의로 회사에 손해가 되는 행동을 할 경우 그것을 '배임'

이라 한다. 회사에서 일하다가 배임을 하면 '업무상 배임'이다. 그렇다면 회장은 고의로 회사를 위해 일해야 하는 자신의 의무를 위반해서 회사에 손해를 입힌 것일까? A사에 치즈값 명목으로 돈이 예전보다 더 많이 나간 사실이 있고, 회장이 원가를 절감해서 더 싸고 효율적으로 치즈를 공급받고 싶었다면 A사를 빼고 거래하는 것이 더 나았을 수 있다.

그런데 회사에 손해가 되는 행동을 했다고 해서 항상 배임이 되는 것은 아니다. '경영 판단의 원칙business judgment rule'이라는 것이 있어서 회장과 사장을 보호해 준다. 이 원칙은 회사법과 형법 교과서에서 상당히 두껍게 다룰 정도로 사례도 많고, 애매한 점이 많은 내용이라서 몇 줄로 요약하기는 어렵다. 그래도 간단하게 정리하면 '경영은 엄청 복잡한 일이니 회사에 손해를 입히더라도 웬만큼 크게 잘못한 것이 아니면 법으로 문제 삼지 않겠음' 정도로 이해하면 크게 다르지 않다. 그러면 회장이 A사를 통해 치즈를 공급받기로 하면서 회사가 추가로 지급한 치즈값만큼 배임한 것이 되는 걸까?

답을 생각해 보자. 이 사건은 여전히 끝나지 않았고, 1심과 2심에서 판단이 조금씩 엇갈린 채로 2020년 현재 대법원에 올라가 있다. 1심에서는 부당거래법으로 유죄, 사장 의무법으로 무죄라고 판결했다. 2심에서는 반대로 부당거래법으로 무죄, 사장 의무법으로 유죄라는 판결이 나왔다. 다만 1심에서는 사장 의무법으로 횡령을 무죄라고 보았기 때문에 2심에서는 배임으로 바꿨고 그래서 유죄가 됐다. 꽤 복잡하니 보기 쉽게 표로 정리해 보자.

치즈 회사→A→피자 회사 회장은 유죄?	부당거래법	사장 의무법
1심	유죄	무죄(횡령)
2심	무죄	유죄(배임)
3심(대법원)	?	?

　과연 대법원에서는 어떤 결론이 나올까? 아마 2021년 즈음에는 이 사건에 대한 대법원의 판결이 나와서 언론이 또 한 번 떠들썩해질 듯 싶다. 부당거래법과 사장 의무법으로 모두 무죄가 나올 수도 있다. 그러면 언론은 아마도 대법원을 비난하면서 회장을 변호한 대형 로펌 변호사들과 전관 변호사들의 합작품이라는 흔한 스토리를 쏟아 낼지도 모른다. 하지만 이 책을 읽은 여러분은 그런 쉬운 이야기에 휩쓸리지 않았으면 한다. 무죄가 나오는 것은 누구 때문이 아니라 사실 '법' 그 자체 때문이니까.

　언제든지 무죄가 나올 수 있다. 부당거래법과 사장 의무법은 애매하게 해석될 수 있는 여지가 너무 많기 때문이다. 과연 어느 정도가 '실질적인 역할'인지, 농부와 소비자를 연결해 주면서 배송은 농부가 직접 하도록 하는 유통회사와 무엇이 다른 것인지, A사에 원래 주던 것보다 치즈값을 더 많이 준 것이 피자 회사에 정말 '명백히 손해'를 입힌 것인지, 10년이 넘는 기간 동안 A사가 치즈 유통을 하면서 피자 회사에 도움 되는 역할을 전혀 하지 않은 것인지, 대부분의 유통회사가 처음에 거래처를 뚫으면 그다음부터는 별다른 역할 없이 관리만 해도 적당한 이윤을 얻는 경우와는 또 무엇이 다른 것인지…. 이처럼 케바케로 생각할 것이 수없이 많다. 그러니 혹시나 대법원에서 모두 무죄가 나오더라도 무작정 비난하지 말고, '아, 재벌법에서 또 무죄가 나왔구나' 하고 이 책을 떠올려 주었으면 한다.

전부 유죄가 나올 수 있고, 1심이나 2심처럼 어느 하나에서만 유죄가 나올 수도 있다. 중요한 것은 너무 케바케가 많다 보니 판결과 그 판결로 형성되는 법을 예측하기가 어렵다는 것, 그래서 누구도 어떤 것을 하지 말아야 할지 제대로 알 수 없다는 것이다. 그 덕분에 회장이나 사장이 과감하게도 다른 주주들에게 돌아가야 할 돈을 회장에게 돌리는 일을 할 수 있는 것이다.

그 이유는 바로 부당거래법이나 사장 의무법과 같은 재벌법이 모두 재벌(이 돈 버는 방)법의 핵심을 모르거나 알면서도 모르는 척하면서 변죽만 울리고 있기 때문이다.

나오는 글

변호사는 용병이다. 한쪽을 위해 글로 싸우거나 협상을 할 때 나만의 생각이 종종 떠오른다. 하지만 일할 때는 그 생각에 대해 쓸 수가 없고, 일이 끝나면 그 생각들은 금세 사그라들곤 한다. 그래서 나만의 생각을 적어 두는 버릇은 어쩌면 남의 일을 해 주는 변호사로서 나의 흔적을 남기고 싶은 본능인지도 모르겠다.

이 책의 주제로 뭔가 써야겠다고 생각한 것은 5년 전이었다. 다행히 그 내용을 간단히 써 둔 메모장에 2015년 8월 7일이라는 날짜가 적혀 있다. 법으로 밥을 먹기 시작한 지 10년이 되던 해였는데, 인수합병, 공정거래, 경영권 분쟁 같은 일들을 정신없이 하며 여기저기 흩어져 있는 법들을 꿰어 보고 있었다. 그러다 갑자기 뭔가 보인다는 생각이 들었다. 그래서 제목과 짧은 서문만 후다닥 써 두었다. 그때의 제목은 영화 〈건축학개론〉을 패러디한 '재벌법개론'. 그대로 메모장을 닫아 둔 채 시간이 흘렀고 2020년이 되었다. 인류의 역사를 바꾸고 있는 코로나19로 저녁 약속이 모두 사라진 시기에 다시 5년 전의 서문을 꺼냈다. 그리고 그동안 더 배우고 경험한 것들을 덧붙여서 글을 쓰기 시작했다. 이 책이 모두를 위한 작은 한 걸음이 되기를 소망한다.

주

1. 자매회사의 경우 서로 재무제표를 같이 쓰는 관계(연결재무제표의 대상)는 아니다. 회사 사이에 경제적 이해관계의 연결이 없기 때문이다.

2. 치킨코리아는 처음 설립할 때 자본금 1억 원짜리 회사였지만, 2년 동안 이미 영업을 통해 돈을 벌고 있는 회사가 되었다. 작년에도 이익이 조금 났고, 올해는 1억 원이나 이익을 올렸다. 이렇게 돈을 벌고 있는 회사의 가치는 자본금 1억 원만으로 평가하지 않는다. 다른 돈 버는 방법과 비교한다. 아주 단순하게 말하면, 같은 돈을 은행에 맡겼을 때 이자를 받을 수 있는 것과 비교하여 가치를 매긴다. 만약 은행에 정기예금을 맡겼을 때 연간 이자를 5% 받을 수 있다면, 치킨코리아에 20억 원을 투자해도 같은 수익을 올릴 수 있다. 그렇다면 치킨코리아의 기업 가치는 20억 원이라고 볼 수 있다. 이렇게 보면, 새로 1억 원을 내고 주주가 된 투자자는 원래의 기업 가치 20억 원에 새로 낸 1억 원을 더한 21억 원 중 1억 원을 낸 것으로 보아 약 4.76%의 지분을 인정받는 것이 공평하다고 할 수 있다. 그러면 지분율이 재원은 약 66.67%, 영미는 약 28.57%로 조금 내려가게 된다. 하지만 조금 복잡하기 때문에 여기에서는 투자자가 1억 원을 내고 10%의 지분을 받았다고 가정해 보자.

3. 서울중앙지방법원 2011. 2. 25. 선고 2008가합47881 판결을 보면 정확한 손해액은 826억 790만 원이다.

4. 공정거래위원회의 과징금 부과에 관한 서울고등법원 2009. 8. 19. 선고 2007누30903 판결에 대해서 상고했던 현대자동차 등 원고가 2012. 10. 23. 상고를 취하하여 대법원 판단 없이 사건이 종결되었다.

5. 안기석, 〈이각범 국가정보화전략위원회 민간위원장 vs 안철수 카이스트 석좌교수〉, 《신동아》, 2010년 7월호, https://shindonga.donga.com/Library/3/22/13/109508/5.

6. 아래의 법 조항을 참조하자.
   경범죄 처벌법 제3조 제2항 제3호 ② 다음 각 호의 어느 하나에 해당하는 사람은 20만 원 이하의 벌금, 구류 또는 과료의 형으로 처벌한다.
   3. (업무방해) 못된 장난 등으로 다른 사람, 단체 또는 공무수행 중인 자의 업무를 방해한 사람.

7. 다음의 판례를 참조하자. 대법원 2009. 5. 29 선고 2007도4949 전원합의체 판결.

8. 다음의 판례를 참조하자. 서울중앙지방법원 2011. 2. 25. 선고 2008가합47881 판결.

9. 다음의 판례를 참조하자. 서울고등법원 2019. 12. 11. 선고 2018노365 판결.

10. 주주는 회사가 망할 때, 가장 나중까지 돈을 돌려받지 못하는 사람이다.

11. 조금 복잡하기 때문에 따로 빼서 설명하면, 계속 성장하는 회사라면 맨 처음에 돈을 낸 사람이 가장 지분이 높고 나중에 돈을 낼수록 같은 돈에 대해서도 지분이 낮아진다. 이유는 회사의 가치가 커지기 때문이다. 이제 막 설립된 치킨코리아의 가치는 재원과 영미가 낸 돈 1억 원 그 자체일 것이다. 하지만 사업 계획이 점차 실현되고 돈을 벌 수 있게 되면 회사의 가치가 커진다. 회사의 가치가 10억 원이 되었을 때 1억 원을 낸 사람은 지분 10%를 받을 것이고, 회사 가치가 100억 원이라면 1%를 받을 것이다.

12. 1994년 당시 짜장면 한 그릇이 2000원 정도였는데 2020년 현재는 보통 6000원 정도이므로 당시 5000만 원은 2020년 현재 1억 원이 넘는 돈이라 할 수 있다.

13. 아래의 법 조항을 참조하자.

증권거래법 제189조의2(자기주식의 취득) ① 상장법인은 유가증권시장을 통하여 다음 각 호의 범위 내에서 당해 법인의 명의와 계산으로 자기주식을 취득할 수 있다.

1. 취득주식수는 발행주식총수의 100분의 10이내에서 대통령령이 정하는 비율에 해당하는 주식수.

2. 취득금액은 상법 제462조제1항의 규정에 의한 이익배당을 할 수 있는 한도 내에서 대통령령이 정하는 금액.

② 제1항의 규정에 의하여 상장법인이 자기주식을 취득하고자 하는 경우에는 위원회가 정하는 바에 따라 자기주식의 취득관련 사항을 위원회와 증권거래소에 신고하여야 한다.

③ 상장법인이 발행주식총수 또는 이익배당을 할 수 있는 한도 등의 감소로 인하여 제1항의 규정에 의한 범위를 초과하여 자기주식을 소유하게 된 경우에는 그날부터 대통령령이 정하는 기간 내에 그 초과분을 처분하여야 한다. [본조신설 1994. 1. 5]

14. 아래의 법 조항을 참조하자.

상법 제369조(의결권) ① 의결권은 1주마다 1개로 한다.

② 회사가 가진 자기주식은 의결권이 없다.

③ 회사, 모회사 및 자회사 또는 자회사가 다른 회사의 발행주식의 총수의 10분의 1을 초과하는 주식을 가지고 있는 경우 그 다른 회사가 가지고 있는 회사 또는 모회사의 주식은 의결권이 없다. 〈신설 1984. 4. 10.〉

15. 아래의 법 조항을 참조하자.

상법 제371조(정족수, 의결권수의 계산) ① 총회의 결의에 관하여는 제344조의3제1항과 제369조제2항 및 제3항의 의결권 없는 주식의 수는 발행주식총수에 산입하지 아니한다.

② 총회의 결의에 관하여는 제368조제3항에 따라 행사할 수 없는 주식의 의결권 수와 제409조제2항·제3항 및 제542조의12제3항·제4항에 따라 그 비율을 초과하는 주식으로서 행사할 수 없는 주식의 의결권 수는 출석한 주주의 의결권의 수에 산입하지 아니한다. 〈개정 2014. 5. 20.〉 [전문개정 2011. 4. 14.]

16. 수식으로 나타내면 다음과 같다. (45000÷89999)×100=약 50.0006%

17. 지분을 바꾸는 방법은 재원과 코리아홀딩스㈜의 지분에 살을 얼마나 더 붙일지에 따라 결정하면 된다. 코리아홀딩스㈜가 재원에게 제3자 배정 방식의 유상 증자(신주 발행)를 실시하고 그 대가로 뉴치킨코리아 주식 20%를 받아도 되고(현물 출자), 지분이 좀 더 필요한 경우에는 주식 시장에서 뉴치킨코리아 주주들을 상대로 주식을 공개 매수하면서 그 대가로 코리아홀딩스㈜가 가진 자기주식 20%를 주는 방법 등을 이용하면 된다.

18. 아마존 웹 서비스Amazon Web Service는 아마존이 운영하는 클라우드 서비스로 전 세계 기업 클라우드 컴퓨팅 시장의 압도적인 1위 사업자다.

19. 김규식, 〈LG그룹 지주회사 도입 7년 평가는…〉, 《매일경제》, 2010년 3월 1일, https://www.mk.co.kr/news/business/view/2010/03/105396.

20. 아래의 법 조항을 참조하자.

자본시장법 제165조의6 및 증권의 발행 및 공시 등에 관한 규정 제5-18조(유상 증자의 발행가액 결정) ① 주권상장법인이 일반 공모 증자방식 및 제3자 배정 증자방식으로 유상 증자를 하는 경우 그 발행가액은 청약일전 과거 제3거래일부터 제5거래일까지의 가중산술평균주가를 기준주가로 하여 주권상장법인이 정하는 할인율을 적용하여 산정한다. 다만, 일반 공모 증자방식의 경우에는 그 할인율을 100분의 30 이내로 정하여야 하며, 제3자 배정 증자방식의 경우에는 그 할인율을 100분의 10 이내로 정하여야 한다.

② (이하 생략)

21. 매년 회사가 거둔 순이익 중 어느 정도를 배당하는지에 대한 비율. 즉, 100억 원의 매출을 올려서 10억 원의 이익을 남긴 회사가 주주들에게 1억 원을 배당했다면 10%가 된다. 대부분의 선진국들은 30% 이상, 영국이나 호주 회사들은 50% 이상을 배당한다.

22. 송지유, 김소연, 하세린, 〈"한국부터 팔았다"… '셀코리아' 부른 짠물 배당〉, 《머니투데이》, 2018년 11월 12일, https://news.mt.co.kr/mtview.php?no=2018111120360658674&type=1.

23. 우리나라 기업의 주가가 비슷한 업종의 외국 회사의 주가보다 낮게 형성되어 있는 현상을 뜻하는 말. 그 원인으로는 남북관계로 인한 리스크, 기업 지배구조(거버넌스)의 후진성,

노동 경직성 등이 거론된다.

24. 자본시장과 금융투자업에 관한 법률 제165조의4 제1항, 시행령 제176조의5 제1항. 자세한 내용은 아래의 법 조항을 참조하자.

제176조의5(합병의 요건·방법 등) ① 주권상장법인이 다른 법인과 합병하려는 경우에는 다음 각 호의 방법에 따라 산정한 합병가액에 따라야 한다. 이 경우 주권상장법인이 제1호 또는 제2호 가목 본문에 따른 가격을 산정할 수 없는 경우에는 제2호 나목에 따른 가격으로 하여야 한다. 〈개정 2009. 12. 21., 2012. 6. 29., 2013. 6. 21., 2013. 8. 27., 2014. 12. 9.〉

1. 주권상장법인 간 합병의 경우에는 합병을 위한 이사회 결의일과 합병 계약을 체결한 날 중 앞서는 날의 전일을 기산일로 한 다음 각 목의 종가(증권시장에서 성립된 최종가격을 말한다. 이하 이 항에서 같다)를 산술평균한 가액(이하 이 조에서 "기준시가"라 한다)을 기준으로 100분의 30(계열회사 간 합병의 경우에는 100분의 10)의 범위에서 할인 또는 할증한 가액. 이 경우 가목 및 나목의 평균 종가는 종가를 거래량으로 가중 산술평균하여 산정한다.

   가. 최근 1개월간 평균 종가. 다만, 산정 대상 기간 중에 배당락 또는 권리락이 있는 경우로서 배당락 또는 권리락이 있는 날부터 기산일까지의 기간이 7일 이상인 경우에는 그 기간의 평균 종가로 한다.

   나. 최근 1주일간 평균 종가.

   다. 최근 일의 종가.

25. 종가란 매일 주식 시장이 마감할 때의 주가를 의미하고, 거래량 가중평균이란 종가의 평균을 구하되 많이 거래된 날의 종가는 더 중요하게 보고 적게 거래된 날의 종가는 덜 중요하게 보아 평균을 내라는 뜻이다. 즉, 어떤 주식의 오늘 종가가 1만 5000원이었는데 8만 주 거래되었고 내일 종가가 2만 원이었는데 2만 주 거래되었다면, 종가의 평균은 1만 7500원이겠지만, 거래량 가중평균 종가는 1만 6000원이 된다. 계산식은 [{(15000×80000)+(20000×20000)}÷100000]인데, 말로 풀면 1만 5000원으로 거래된 주식의 수가 2만 원으로 거래된 것의 4배이니 그만큼 1만 5000원으로 거래된 것을 중요하게 생각하여 평균을 내겠다는 의미다.

26. 물론 현실적으로는 상장 후 소수 주주가 많이 생기기 때문에 재원, 영미, 지혜의 지분율은 훨씬 낮아질 것이지만, 비교를 위해서 상장 전과 같은 지분율을 유지한다고 가정해 보자.

27. 킴 기틀슨, 〈트위터 논란: 일론 머스크 이사회 의장직에서 물러난다〉, 《BBC뉴스 코리아》, 2018년 9월 30일, https://www.bbc.com/korean/international-45696839.

28. 다음의 결정문을 참조하자. 서울고등법원 2016. 5. 30. 2016라20189, 20190(병합), 20192(병합) 결정.

29. 나현준, 〈공정위 지주회사 상향요건 적용 유예… 그 속내는?〉, 《매일경제》, 2016년 8월 11일, https://www.mk.co.kr/news/economy/view/2016/08/571479.

30. 지주회사의 자산 총액 기준을 1000억 원에서 5000억 원으로 상향 조정하는 공정거래법 시행령 개정안을 원래 2016년 10월 1일부터 시행하려고 하였으나, 중견기업의 지주회사 전환이 마무리되는 것을 기다리기 위해 2017년 7월 1일부터 시행하는 것으로 변경됐다.

31. 다만 회사가 공개 매수하는 경우에 자기주식을 소각하지 않는 한 자진 상장폐지는 하지 못하도록 2019년에 한국거래소 규정이 바뀌었다.

32. 물론 배당하지 않은 이익 잉여금이 현금으로 남아 있는 것은 아니고 다른 곳에 투자되어 주식이나 유형 자산의 형태로 장부에 남아 있을 수 있기 때문에 이익 잉여금이 많다고 해서 회사가 현금을 금고에 쌓아 두고 투자하지 않는다는 과거 일부의 비판이 타당한 것은 아니다. 이익 잉여금이 과도하다면 회사의 이익을 주주에게 제대로 환원하지 않는다는 비판은 가능하다.

33. 경제개혁연구소, 〈우리나라 경영권 프리미엄 현황 분석(2014-2018)〉, 《이슈&분석》, 2019년 9월호.

34. 위 보고서에 따르면 미국은 34.7%~39.7%, 독일은 30.2%~36.9%, 싱가포르는 20.0%~29.2% 정도다.

35. 다만 2019년 4월부터 자기주식은 상장폐지에 필요한 대주주 지분율 계산에 합칠 수 없게

되었기 때문에 이제 회삿돈으로 공개 매수를 하면 안 되고 여러분의 돈으로 직접 해야 한다. 하지만 나중에 벌 수 있는 큰돈을 생각하면 여러분의 돈으로 (돈만 있으면) 공개 매수하는 것도 충분히 가치 있는 일이다.

36. 아래의 법 조항을 참조하자.

상법 제360조의24(지배주주의 매도청구권) ① 회사의 발행주식총수의 100분의 95 이상을 자기의 계산으로 보유하고 있는 주주(이하 이 관에서 "지배주주"라 한다)는 회사의 경영상 목적을 달성하기 위하여 필요한 경우에는 회사의 다른 주주(이하 이 관에서 "소수주주"라 한다)에게 그 보유하는 주식의 매도를 청구할 수 있다.

② 제1항의 보유주식의 수를 산정할 때에는 모회사와 자회사가 보유한 주식을 합산한다. 이 경우 회사가 아닌 주주가 발행주식총수의 100분의 50을 초과하는 주식을 가진 회사가 보유하는 주식도 그 주주가 보유하는 주식과 합산한다.

③ 제1항의 매도청구를 할 때에는 미리 주주총회의 승인을 받아야 한다.

④ 제3항의 주주총회의 소집을 통지할 때에는 다음 각 호에 관한 사항을 적어야 하고, 매도를 청구하는 지배주주는 주주총회에서 그 내용을 설명하여야 한다.

1. 지배주주의 회사 주식의 보유 현황

2. 매도청구의 목적

3. 매매가액의 산정 근거와 적정성에 관한 공인된 감정인의 평가

4. 매매가액의 지급보증

⑤ 지배주주는 매도청구의 날 1개월 전까지 다음 각 호의 사실을 공고하고, 주주명부에 적힌 주주와 질권자에게 따로 그 통지를 하여야 한다.

1. 소수주주는 매매가액의 수령과 동시에 주권을 지배주주에게 교부하여야 한다는 뜻

2. 교부하지 아니할 경우 매매가액을 수령하거나 지배주주가 매매가액을 공탁(供託)한 날에 주권은 무효가 된다는 뜻

⑥ 제1항의 매도청구를 받은 소수주주는 매도청구를 받은 날부터 2개월 내에 지배주주에게 그 주식을 매도하여야 한다.

⑦ 제6항의 경우 그 매매가액은 매도청구를 받은 소수주주와 매도를 청구한 지배주주 간의 협의로 결정한다.

⑧ 제1항의 매도청구를 받은 날부터 30일 내에 제7항의 매매가액에 대한 협의가 이루어지지 아니한 경우에는 매도청구를 받은 소수주주 또는 매도청구를 한 지배주주는 법원에 매매가액의 결정을 청구할 수 있다.

⑨ 법원이 제8항에 따라 주식의 매매가액을 결정하는 경우에는 회사의 재산 상태와 그 밖의 사정을 고려하여 공정한 가액으로 산정하여야 한다. [본조신설 2011. 4. 14.]

37. 아래의 법 조항을 참조하자.

상법 제398조(이사 등과 회사 간의 거래) 다음 각 호의 어느 하나에 해당하는 자가 자기 또는 제3자의 계산으로 회사와 거래를 하기 위하여는 미리 이사회에서 해당 거래에 관한 중요사실을 밝히고 이사회의 승인을 받아야 한다. 이 경우 이사회의 승인은 이사 3분의 2 이상의 수로써 하여야 하고, 그 거래의 내용과 절차는 공정하여야 한다.

1. 이사 또는 제542조의 8 제2항 제6호에 따른 주요주주.

2. 제1호의 자의 배우자 및 직계존비속.

3. 제1호의 자의 배우자의 직계존비속.

4. 제1호부터 제3호까지의 자가 단독 또는 공동으로 의결권 있는 발행주식총수의 100분의 50 이상을 가진 회사 및 그 자회사.

5. 제1호부터 제3호까지의 자가 제4호의 회사와 합하여 의결권 있는 발행주식총수의 100분의 50 이상을 가진 회사.

38. 아래의 법 조항을 참조하자.

상법 제399조(회사에 대한 책임) ① 이사가 고의 또는 과실로 법령 또는 정관에 위반한 행위를 하거나 그 임무를 게을리한 경우에는 그 이사는 회사에 대하여 연대하여 손해를 배상할 책임이 있다.

② 전항의 행위가 이사회의 결의에 의한 것인 때에는 그 결의에 찬성한 이사도 전항의 책임이 있다.

③ 전항의 결의에 참가한 이사로서 이의를 한 기재가 의사록에 없는 자는 그 결의에 찬성한 것으로 추정한다.

39. 아래의 법 조항을 참조하자.

상법 제382조 ② 회사와 이사의 관계는 「민법」의 위임에 관한 규정을 준용한다. 민법 제681조(수임인의 선관의무) 수임인은 위임의 본지에 따라 선량한 관리자의 주의로써 위임사무를 처리하여야 한다.

40. 아래의 법 조항을 참조하자.

상법 제382조의3(이사의 충실의무) 이사는 법령과 정관의 규정에 따라 회사를 위하여 그 직무를 충실하게 수행하여야 한다.

41. 아래의 법 조항을 참조하자.

상법 제397조의2(회사의 기회 및 자산의 유용 금지) ① 이사는 이사회의 승인 없이 현재 또는 장래에 회사의 이익이 될 수 있는 다음 각 호의 어느 하나에 해당하는 회사의 사업기회를 자기 또는 제3자의 이익을 위하여 이용하여서는 아니 된다. 이 경우 이사회의 승인은 이사 3분의 2 이상의 수로써 하여야 한다.

1. 직무를 수행하는 과정에서 알게 되거나 회사의 정보를 이용한 사업 기회.

2. 회사가 수행하고 있거나 수행할 사업과 밀접한 관계가 있는 사업 기회.

② 제1항을 위반하여 회사에 손해를 발생시킨 이사 및 승인한 이사는 연대하여 손해를 배상할 책임이 있으며 이로 인하여 이사 또는 제3자가 얻은 이익은 손해로 추정한다.

42. 김진욱, 〈책임 안 지는 재벌 '회장님'들⋯ 이사 등재 비율 5년째 감소〉, 《뉴시스》, 2019년 12월 9일, https://newsis.com/view/?id=NISX20191209_0000854355.

43. 물론 우리 대법원은 주주가 아닌 제3자에게 너무 싸게 주식을 발행하면 회사에 손해가 생기고 사장은 사장의 의무 위반으로 죄가 된다고 판결한 적이 있다. 그리고 그 근거로 상법 제424조의2를 들었다. 하지만 아래의 조항에서는 그냥 너무 싼 가격과 정가의 차액을 지급할 의무가 있다고 했지 그것이 회사에 대한 손해라고 하지 않았다. 오히려 같은 조항에서 회사 또는 주주에 대한 손해배상 책임과 이런 차액을 지급할 의무는 별개라고까지 규정하고 있다.

제424조의2(불공정한 가액으로 주식을 인수한 자의 책임) ① 이사와 통모하여 현저하게 불공정한 발행가액으로 주식을 인수한 자는 회사에 대하여 공정한 발행가액과의 차액에 상당한 금액을 지급할 의무가 있다.

② 제403조 내지 제406조의 규정은 제1항의 지급을 청구하는 소에 관하여 이를 준용한다.

③ 제1항 및 제2항의 규정은 이사의 회사 또는 주주에 대한 손해배상의 책임에 영향을 미치지 아니한다.

44. 이 부분 설명은 실제 사건과 판결에 바탕을 두고 있으나, 쉽게 설명하기 위해서 구체적인 수치를 포함한 세부 사항을 단순하게 바꾸었다.